Peter Filzmaier

OLYMPIA

Brandstätter

Peter Filzmaier

OLYMPIA

Die Spiele als Bühne für Sport und Politik

Brandstätter

INHALT

Warum ich das Buch schreibe

Ich bin ein Sportfan. Alle Jahre wieder ist bei mir zur Zeit der Olympischen Spiele der Fernseher im Dauereinsatz. Schon in meiner Jugend, als es in Österreich ein Rundfunkmonopol gab, schaute ich televisionär viele Stunden lang einem Sportbewerb nach dem anderen zu. Sogar beim Mannschaftszeitfahren der Radfahrer oder den Segelregatten. Was damals ohne moderne elektronische und grafische Hilfen auf einem Schwarzweiß-TV-Gerät ungefähr so spannend war, wie Gras beim Wachsen zuzusehen.

Danach perfektionierte ich das Hin- und Herspringen zwischen mindestens drei Sportkanälen. Dem Kabel- und Satellitenfernsehen sei Dank. In der jüngeren Vergangenheit ist daraus mittels Laptop und Handy eine Interaktivität mit zweitem und drittem Bildschirm geworden. Wie sonst könnte man Zwischenstände, Ergebnisse und Statistiken parallel zum Verlauf eines Bewerbs parat haben? Bei jedem Sprintfinish im Laufen oder der letzten Saltowende beim Schwimmen hatte ich stets leuchtende Augen und glühende Ohren. Übrigens auch bei Punktewertungen im Federball oder Taekwondo. Was immer Taekwondo genau sein mag.

Als Kind wollte ich unbedingt Sportreporter werden. Ein Bubentraum, den ich mir mit dem Buch „Atemlos“, der Sammlung meiner schönsten Sportgeschichten, vor vier Jahren ansatzweise erfüllte. Nachher durfte ich sogar einige Male live im Fernsehen den Linzer Marathon kommentieren. Doch es gibt bei aller Begeisterung stets einen Wermutstropfen: Große Sportereignisse und allen voran Olympische Spiele waren und sind gleichermaßen zutiefst politisch.

Das ist schön, wenn es um den Friedensgedanken geht. Doch dienten die Spiele oft im übelsten Sinn als Schauplatz für Diktatoren und sogar Massenmörder, für eitle Selbstdarsteller und skrupellose Geschäftemacher, für karrieregeile und nicht selten korrupte Olympiafunktionäre oder sportliche Dopingbetrüger und frech lügende Marketinggurus.

In den Neunzigerjahren wollte ich nach meiner Diplomarbeit über die Todesstrafe in den USA meine Dissertation an der Universität über ein weniger deprimierendes Thema schreiben. Es sollte um politische Aspekte der Olympischen Spiele gehen. So gedachte ich das Studium der Politikwissenschaft mit meinem Lieblingshobby Sport zu verknüpfen.

Aber ich geriet vom Regen in die Traufe. Meine Doktorarbeit wurde zur endlosen Geschichte einer Analyse der widerlichsten Dinge der Welt wie Faschismus und Rassismus. Seitdem – und genauso im Olympiajahr 2024 – bin ich eine gespaltene Persönlichkeit: einerseits der Fan, welcher sehr subjektiv und oft politisch inkorrekt mit Sportlerinnen und Sportlern mitfiebert. Andererseits bin ich in meinem Hauptberuf Wissenschaftler und müsste viel kritischer sein. Vor rund dreißig Jahren war ich das, nämlich beim Doktorat mit einem systemtheoretischen Ansatz der Zusammenhänge von Politik und Sport, mit akribischen Recherchen sowie Tausenden Quellen und Fußnoten. Dieses Buch beruht indirekt darauf und auf späteren Zeitungstexten oder Onlineartikeln, ist jedoch viel emotionaler. Ich wollte mir einfach anhand von auf einer historischen Längsachse geordneten und ansonsten bloß auszugsweise wiedergegebenen Olympiaereignissen von der Seele schreiben, wie politisch Olympische Spiele sind und dass wir viel häufiger darüber nachdenken sollten. Und ich kann nur hoffen, dass das Lesen trotz aller Nachdenklichkeit Spaß macht. Insbesondere den Sportfans.

Peter Filzmaier

Was alles passiert ist

Mehr als 800 Jahre vor Christi Geburt sollen König Iphitos von Elis und der spartanische Gesetzgeber Lykurg einen Vertrag geschlossen haben, der eine Waffenruhe für die Zeit des olympischen Festes sichern sollte. Athener und Spartaner wollten sich für fünf Tage nicht bekriegen. Oder das zumindest nicht an den olympischen Sport- und Religionsstätten tun. Als die Spartaner später die Vereinbarung brachen, wurden sie quasi exkommuniziert, zu Strafzahlungen verurteilt und von den Spielen ausgeschlossen. Ja eh. Das klingt lieb und nett.

Es ist aber nicht alles Gold, was glänzt. So beschreibt der amerikanische Buchautor William O. Johnson die Olympischen Spiele der Antike. Die damaligen Athleten wären für eine verwöhnte Oberschicht gewesen, ein Haufen prahlerischer Selbstdarsteller, die von einem Jahr zum nächsten kaum etwas für die Gesellschaft getan, sondern nur ihren Körper geformt und ihr Ego massiert haben sollen. Trotzdem wird kaum ein historisches Ereignis so idealisiert und mythologisiert wie die Spiele der Antike.

Diskriminierung und das liebe Geld

Während in der Gegenwart heftig über geschlechtergerechte Formulierungen gestritten wird, waren im alten Griechenland Frauen nicht einmal mitgemeint. Sondern sie wurden sogar als Zuseherinnen von den Spielen ausgeschlossen. Dasselbe galt ursprünglich für alle Fremden, die keine Griechen waren, sowie für Sklaven und Freigelassene. Mehr als neun Zehntel der altgriechischen Bevölkerung durften somit keine Teilhabe an den antiken Spielen haben.

Was das mit der Jetztzeit zu tun hat? Es ist folgendes Zitat belegt: „Olympische Spiele sind ein Ausbund männlicher Athletik, und der Beifall der Frauen ist deren Lohn.“ Eine passende Quizfrage dazu in der Millionenshow – oder besser noch zum Weltfrauentag – wäre, welcher Blödmann das gesagt hat. Die Antwort: Es war Baron Pierre de Coubertin, der zu Ende des 19. Jahrhunderts Begründer der modernen Olympischen Spiele war.

Man kann heutzutage zudem die provokante Frage stellen, ob moderne Sportler sich wirklich so sehr von ihren altgriechischen Vorbildern – die selten gute waren – unterscheiden. Man müsste Johnsons Worten bloß hinzufügen, dass sie und die Olympische Bewegung zusätzlich viel für die eigene Geldbörse tun anstatt für die Gesellschaft. Vor allem das Internationale Olympische Komitee, im Buchtext künftig als IOC abgekürzt, und alle Nationalen Olympischen Komitees.

Neu wäre das freilich nicht, denn die Olympiasieger der Antike hatten ausgesorgt. Sie wurden nicht nur als Nationalhelden in Liedern gepriesen und in Plastiken abgebildet. Die Verehrung hatte zudem einen sehr praktischen Nutzen, weil sie eine Art lebenslängliche Pension ausbezahlt bekamen. Der mehrfache Laufolympiasieger Dikon ließ sich sogar für Geld als Vertreter verschiedener Städte Griechenlands ausrufen.

Diese Manipulation erinnert an das Phänomen der Moderne, dass arabische Staaten afrikanische Laufstars einkaufen, um sie für ihr Land starten zu lassen. Was in anderen Sportarten ähnlich ist. Auch wenn sie vorher null Komma null Bezug zu ihrer neuen Heimat hatten. Die Nationalmannschaft der Handballer Katars etwa ist in Wahrheit eine für Petrodollars zusammengewürfelte Weltauswahl.

Sind Friede und Internationalisierung unpolitisch?

Der historische Friedensgedanke wurde für die modernen Spiele übernommen. Pierre de Coubertin, Begründer der Olympischen Spiele der Neuzeit, offenbarte zugleich seinen mangelhaften Realitätsbezug: „Ich fände es richtig, dass die gegnerischen Armeen mitten im Kriege kurze Zeit ihre Kämpfe unterbrechen, um ehrliche und ritterliche Muskel-Spiele zu feiern." Wenig überraschend unterbrachen im 20. Jahrhundert aber zwei Weltkriege die Olympiaden, und natürlich nicht umgekehrt.

Handelte es sich in der Antike um einen „Gottesfrieden", der durch ein sakrales Gesetz gesichert war – und dessen Bruch mit Geldbußen sowie Ächtung der Frevler bestraft wurde –, sind solche Vorstellungen nicht erst seit dem Münchner Terroranschlag bei den Olympischen Spielen 1972 vor über fünfzig Jahren lächerlich. Genauso sind der

Nahostkonflikt und daraus resultierender Terror und Krieg auch auf europäischem Boden wohl die größte Bedrohung für die Olympischen Spiele 2024 in Paris. Man kann entweder diskutieren, ob – siehe Russland – Angriffskriege führende Staaten ausgeschlossen werden. Oder man entscheidet sich für zweifelhafte Kompromisse in Form von neutralen Fahnen und weggelassenen Hymnen. Doch über Vladimir Putins Sportorganisationen nur Strafgelder zu verhängen, womit vom Doping bis zum Truppeneinmarsch in ein anderes Land alle Schandtaten in Vergessenheit geraten oder gar eine Reinwaschung erfolgt, das ist absurd.

Doch zurück ins alte Griechenland: Sport war damals kein Freizeitvergnügen, sondern vor allem eine Übung vor dem und für den Kampf. So gesehen dienten auch Olympische Spiele mehr der Vorbereitung von Kriegen als dem Frieden, obwohl man sich während der sportlichen Wettkämpfe nicht gegenseitig den Schädel einschlug. Gleichfalls sollten die antiken Spiele das kriegerische National- und Zusammengehörigkeitsgefühl gegen die Perser als gemeinsamen Feind stärken.

Bis heute betrachten olympische Funktionäre auf allen Ebenen einerseits den Sport als unpolitisch und betonen andererseits die zentrale Funktion der Spiele als friedensfördernd, eine Verständigung der Völker unterstützend sowie Diskriminierung verhindernd. Genau diese Dinge – Frieden, Internationalität und Antidiskriminierung – sind als Grundprinzipien in der vom IOC herausgegebenen Olympischen Charta verankert. Was freilich im Widerspruch zum GAU – dem größtmöglichen anzunehmenden Unsinn – einer These vom unpolitischen Sport steht.

Weil ist eine Friedensbewegung – ältere Menschen in Europa erinnern sich noch an die Achtzigerjahre, als Abertausende im Kalten Krieg der Supermächte USA und UdSSR für den Frieden und gegen den atomaren Overkill mit noch mehr Raketen demonstrierten – nicht sehr politisch? Klar ist sie das, was denn sonst.

Ist es nicht ein politisches Ziel, gegen Nationalismus zu sein und als Völkerverständigung vom Hunger in der Welt bis zum globalen Klimaschutz mehr internationales Gemeinschaftsdenken zu wollen? No, na, ned. Ist es etwa keine Politik, für Demokratie und

Menschenwürde sowie gegen jede Form der Diskriminierung von Personen zu sein? Selbstverständlich ist es das.

Es ist eine zutiefst politische Aussage, der Olympischen Charta entsprechend Diktaturen und Kriegstreiber strikt abzulehnen. Dasselbe gilt für alle Tendenzen zur Schwächung demokratischer Prinzipien und Grundrechte. Genauso politisch ist die Überzeugung, dass niemand aufgrund seines oder ihres Geschlechts benachteiligt werden darf. Auch nicht infolge der ethnischen Herkunft und Hautfarbe. Ebenfalls nicht wegen jemandes religiöser Überzeugung und sexuellen Orientierung.

Die politischen Spiele

Olympische Spiele wollten demzufolge unpolitisch sein und waren es nie. Gegen die eigenen Bestimmungen zur Völkerverständigung handelte das IOC mittels raffinierter Umgehungstaktiken schon vor über einem Jahrhundert, als man die Verlierermächte des Ersten Weltkriegs nicht bei den Spielen 1920 sehen wollte. Endgültig ihre Unschuld hat die Olympische Bewegung 1936 verloren, als man sich mit den Nationalsozialisten arrangierte, damit diese in Berlin Propagandaspiele abhalten konnten.

1948 wiederum blieb Deutschland wie Japan ausgeschlossen. Danach war es jahrzehntelang ein politischer Zankapfel, ob und mit welchen Staatssymbolen die Deutschen als BRD und DDR teilnehmen durften. Erst 1968 gab es erstmals eine eigene Mannschaft der Ostdeutschen. Die Verwendung von Flagge und Hymne der DDR war pikanterweise erst 1972 in München erlaubt. Seit 1992 gibt es nach der Wiedervereinigung naturgemäß nur ein deutsches Team. In dem sich aber beispielsweise die aus der DDR stammende Schwimmolympiasiegerin Dagmar Hase als Sportlerin zweiter Klasse fühlte.

Ähnlich umstritten war der Fall Korea, wo das IOC mit seinen Bemühungen für die Völkerverständigung und eine Teilnahme beider Länder an den Spielen lange Zeit keinen Erfolg hatte. Nordkorea boykottierte auch die Olympischen Spiele im südkoreanischen Seoul 1988, obwohl beide Länder da längst in der Olympischen Bewegung vertreten waren.

Erst bei den Olympischen Winterspielen 2018 in Pyeongchang war nicht nur das Veranstalterland Südkorea dabei, sondern gab es für das Eishockeyturnier der Frauen ein gesamtkoreanisches Team. Davor bedeutete ein Einmarsch beider Koreas bei den Eröffnungsfeiern in Sydney 2000 und Athen 2004 sowie bei den Winterspielen in Turin 2006 keineswegs ein Antreten miteinander. Generell dienten im seltenen Fall eines Miteinanders bei Sportereignissen – etwa im Tischtennis – als Symbole der gemeinsamen koreanischen Mannschaft übrigens eine weiße Flagge mit der blauen Silhouette der koreanischen Halbinsel und ein beliebtes Volkslied als Hymne.

Ähnlich schwierig gestaltete sich das politische Wechselspiel zwischen Nationalchina, also Taiwan, und der kommunistischen Volksrepublik China. Zunächst war nur Taiwan in der Olympischen Bewegung, 1954 nahm man die Volksrepublik auf, welche prompt den Ausschluss Taiwans forderte und 1958 wieder austrat. Erst seit den Achtzigerjahren gibt es zwei chinesische Mannschaften. Es ist also kompliziert.

Wir können zusammenfassen: Hitlers Spiele in Berlin 1936, erste Boykottbewegungen nach der Niederschlagung des Ungarnaufstands durch sowjetische Truppen und der Suezkrieg in Melbourne 1956 – unter anderem waren die Niederlande, Schweiz und Spanien nicht dabei –, der Boykott der Afrikaner in Montreal 1976 (man wollte den Ausschluss Neuseelands, das verbotene Sportkontakte im Rugby mit Südafrika als Land des Apartheidregimes unterhielt) sowie Boykott und Gegenboykott der Supermächte in Moskau 1980 und Los Angeles 1984, Black Power-Proteste in Mexico City 1968 und insbesondere der palästinensische Terroranschlag von München 1972 sind Allgemeinwissen und doch nur die Spitze eines politischen Eisbergs.

Seit München und noch viel mehr nach „9/11" – dem 11. September 2001, als bei einem Terroranschlag Flugzeuge in das New Yorker World Trade Center krachten – müssen aus Sicherheitsgründen für die Olympischen Spiele mehr militärische Mittel aufgewendet werden, als für Kriege erforderlich sind.

Die Spiele waren stets eine Spielwiese der Politik, und zwar vor allem für Antidemokraten. Im Lauf der Geschichte kamen als Problembereiche die gigantische Kommerzialisierung und Mediatisierung der Olympischen Spiele, Umweltzerstörung und Doping dazu. Wir müssen reden. Nämlich über all das, ganz egal, wie toll und spannend die Sportbewerbe sind. Es schließt sich nicht aus, sowohl begeisterter Sportfan zu sein als auch kritisch gegenüber der Olympischen Bewegung und ihren nationalen und internationalen Funktionären.

KAPITEL 1

Die Anfänge der Lebenslüge vom unpolitischen Sport 1896–1912

Sind Frieden, Völkerverständigung und Diskriminierungsverbot als idealistische Ziele der antiken und modernen Olympischen Spiele zugleich deren Lebenslüge? Abgesehen davon, dass solche Vorgaben Teil der – in diesem Fall theoretisch positiven – Politisierung Olympias sind, klafften Anspruch und Wirklichkeit von Beginn an weit auseinander.

Der betende Ziegenhirt

Die ersten Olympischen Spiele der Neuzeit fanden 1896 in Athen statt. Ja, natürlich, das klingt von der Historie her logisch. Es passte jedoch zusätzlich dem griechischen Königshaus bestens in sein politisches Konzept. Die Könige entstammten nämlich bayrischen und dänischen Herrscherfamilien und waren dem griechischen Volk ziemlich fremd. Doch der erste Tag der Spiele fiel mit dem Jahrestag der Unabhängigkeit Griechenlands von einer türkischen Oberhoheit im Jahr 1830 zusammen. Also waren die Spiele den Herrschern zur pseudomäßigen Demonstration ihrer Volksverbundenheit hochwillkommen.

Parallel sollten Integrations- und Identifikationseffekte des Sports die nationale Selbstfindung begünstigen. Wie das geht? Ganz einfach. Alle jubeln zusammen über einen Sporthelden. Am besten im mit sündteurem Marmor wiederhergestellten oder eher mehr als weniger neu gebauten Olympiastadion der Antike. Zum Superhelden wurde der Sieger im Marathonlauf. Ein Grieche namens Spiridon Louis.

Die Legende rund um die heute als Massenveranstaltung so populären Marathonläufe hat ihre erzählerischen Schwächen, die keinen kümmern. Der Geschichtsschreiber Herodot überlieferte zunächst die Geschichte des Laufboten Pheidippides, der 490 Jahre vor Christi Geburt von Athen nach Sparta rannte, um Unterstützung im Krieg gegen die Perser zu erbitten. Erst nach Christus entstand die irgendwie hübschere Version Plutarchs und Lukians, dass der Bote nach einem Sieg der Athener in der Schlacht auf der Ebene einen Marathon von 42,195 Kilometern ins Stadtzentrum wieselte, um den Triumph zu verkünden. Nach dem Ausrufen seiner Botschaft „Wir haben gesiegt!" sei er tot zusammengebrochen. Auch weil er in voller Kampfausrüstung gelaufen sei. Hier stellen sich zwei Fragen: Erstens hat natürlich niemand die Strecke so genau vermessen. Zweitens: Warum zum Teufel hat der Typ seine Rüstung anbehalten und sich dieser nicht auf dem Weg entledigt? Die Schlacht war ja vorbei …

Wie auch immer. Der griechische Kronprinz und noch so ein Prinz sollen Herrn Louis im Stadion entgegen und an beiden Seiten neben ihm hergelaufen sein. Na gut. Das würde heute eine Disqualifikation mit sich bringen. Der flotte Spiridon Louis war aber seinem Landsmann Vasilakos und dem Ungarn Keller offenbar so weit voraus, dass er sich grüßend vor dem sich auf der Tribüne erhebenden König verneigt hat.

Ach ja, aus unerfindlichen Gründen hätte Louis zudem eine Marinemütze getragen und sie minutenlang mit lebhafter Rührung vor seinem Beherrscher geschwenkt. Daraufhin wäre er von Adjutanten des Königs umarmt und geküsst worden. Zu guter Letzt saß Spiridon Louis auf den Schultern der Prinzen.

Wenn das kein Stoff ist, aus dem Legenden gemacht werden. Nur war das erst der Anfang. Romantischen Geschichten zufolge lief Louis bloß über 42 Kilometer, um die hartherzigen Eltern seines geliebten Mädchens zu beeindrucken. Einem anderen Märchen zufolge wollte er seinen schwerkranken Vater erfreuen. Und den König dazu bringen, seinen im Gefängnis sitzenden Bruder freizulassen. Wobei Louis gar keinen Bruder hatte. Dumm gelaufen.

Pierre de Coubertin als Gründer der modernen Olympischen Spiele verbreitete selbst die Mär, dass Louis ein einfacher Ziegenhirt war, der sich viele Wochen und Monate lang ausschließlich durch Beten und Fasten auf den Marathon vorbereitet hätte. Liebe Kinder und Lauffreunde, bitte macht das bloß nicht nach. In Wirklichkeit war Spiridon ein Botenjunge und somit für damalige Verhältnisse bestens trainiert.

Der Rest ist schnell erzählt: Der 24-jährige Spiridon Louis war für einige Zeit der erste richtige Star des Sports. Als Volksheld wurde er in jedem Gasthaus und beim Friseur gratis bedient. Noch 1936 in Berlin war er so etwas wie ein eingeladener Ehrengast. Zugleich aber ein Vorzeigegegenstand, den Hitlers Sportschergen und Propagandaminister Joseph Goebbels für eine Jubelberichterstattung missbrauchten. Im Vergleich dazu ist das politische Tamtam rund um Eliud Kipchoge, den aktuellen Doppelolympiasieger im Marathonlauf, harmlos. Kipchoge gilt einerseits als Symbol für den Aufstieg Kenias. Andererseits wird kritisiert, dass sein Erfolg mit einer gigantischen Kommerzialisierung einherging, zumal sein Lauf von unter zwei Stunden in Wien ausgerechnet von einem Unternehmen der chemischen Industrie finanziert und inszeniert wurde.

Olympia als frühe Bühne des Nationalismus

Bei den ersten Olympischen Spielen der Neuzeit gab es keine Mannschaften der Nationen im heutigen Sinn. Fast jeder, der männlich und mehr oder weniger zufällig vor Ort war, konnte teilnehmen. Zum Beispiel das Personal der britischen Botschaft in Athen: Der dortige Mitarbeiter Edwin Flack war eigentlich Australier, startete aber als Mitglied eines Londoner Sportvereins für die Briten und wurde Olympiasieger im Mittelstreckenlauf. Im Tauziehen – ja, das gab es wirklich – traten aus mehreren Ländern bunt zusammengewürfelte Teams an. Ähnliches geschah im Rudern, Segeln und Tennis.

Trotzdem erwies sich der Gedanke der Internationalität und einer dadurch bedingten Völkerverständigung bald als wenig realistisch. Böhmen (damals bei Österreich) und Finnland (als Teil Russlands) beispielsweise strebten nach Selbstständigkeit und erkannten bei einzelnen Spielen von 1900 in Paris bis 1912 in Stockholm jeweils eine Chance, ihre politischen Forderungen bis hin zur Bereitschaft für einen nationalen Unabhängigkeitskampf auf olympischer Ebene zu präsentieren. Lediglich Vertreter Irlands, das erst 1922 unabhängig wurde, starteten gerne in der Mannschaft Großbritanniens.

Nur rein theoretisch sollte das Nationalgefühl mittels der Olympischen Spiele durch ein Weltbürgertum ersetzt werden. Praktisch sah es anders aus. Am deutlichsten traten die nationalistischen Gegensätze im deutsch-französischen Konflikt hervor: 1896 wollte Frankreich nicht teilnehmen, weil auch Deutschland vertreten war. Ausgerechnet der Begründer der Neuzeitspiele, der Franzose Coubertin, soll in einem Interview seiner Hoffnung Ausdruck verliehen haben, die Deutschen – die auch kein Gründungsmitglied des IOC waren – aus der Olympischen Bewegung ausschließen zu können. Überraschend war diese Position Coubertins nicht. Es war kein Zufall, dass die Bewegung zur Wiedereinführung der Olympischen Spiele im Frankreich des auslaufenden 19. Jahrhunderts entstand. Nach der Niederlage im deutsch-französischen Krieg 1870/71 suchte man nach neuen Bereichen, um Stärke und Leistungsfähigkeit zu beweisen. Die Spiele waren laut Coubertin ein Mittel, um die Schmach Frankreichs zu tilgen und das nationale Selbstwertgefühl zu fördern.

In Deutschland wiederum wurde die olympische Idee gerade aufgrund ihrer Internationalität von den in der klaren Mehrzahl nationalistisch gesinnten Sportvereinigungen abgelehnt. Wer als Deutscher in Athen teilnehmen wollte, dem warf man „Untreue und eitle Ruhmsucht“ vor. Den trotzdem nach Griechenland reisenden Turnern wurde erklärt, sie hätten kein Recht, „sich als Träger des deutschen Volkswillens“ oder „als Träger des deutschen Turnens, Spiels und Sports anzusehen“. Nach den Spielen wurden diese Turner aus der reaktionären Deutschen Turnerschaft ausgeschlossen.

Schmutzige Bettgeschichten

Der als Vorstandsvorsitzender der Turnerschaft als „deutscher Turnerführer“ geltende Ferdinand Götz bezeichnete in einem Brief die Olympiateilnahme als „mit der Ehre eines deutschen Mannes unverträglich“ und die Spiele als eine „dem deutschen Volke angetane Schmach“. Es entwickelte sich ein Kleinkrieg wechselseitiger Unfreundlichkeiten und Beleidigungen.

1900 kam es in Paris zur Eskalation des Konflikts, als Deutschlands Sportler zum Teil ausgerechnet in Kasernen mit französischen Soldaten untergebracht wurden. Zuerst gab es keine Betten für die Deutschen. Dann verstanden nationalistische Franzosen den Umstand zu nutzen, dass die Quartiere nicht verschließbar waren; die Zimmer der Deutschen waren eines Tages voll von Urin und Fäkalien sowie mit Wandinschriften wie „Cochons!", „À bas la Prusse!" und „Vive la France!" verziert.

Wer nicht in der besch...eidenen Kaserne untergebracht war, musste Quartiere beziehen, die zwei Stunden von den Sportstätten entfernt und für die weder Wegweiser noch Transport bereitgestellt waren. Bedauernswert waren freilich nur die deutschen Sportler, während ihre Sportvereinigungen in der Heimat vice versa keine Gelegenheit ungenutzt ließen, um die Olympischen Spiele zum Schüren antifranzösischer Stimmung heranzuziehen.

Die Affäre hatte auch konkret sportliche Auswirkungen. In einem Rugbyspiel führten die Deutschen gegen Frankreich zur Pause mit 14 zu 5 Punkten. Nach der Halbzeit tat sich wenig, das Ende des Spiels rückte nahe. Nur der nicht ganz unparteiische Schiedsrichter wollte angesichts der deutschen Führung kein Ende finden. Er war Franzose. Erst nach über zwanzig Minuten Nachspielzeit und einigen fragwürdigen Entscheidungen war das Spiel aus, und Frankreich hatte 25 zu 16 gewonnen.

Dass Frankreich in Paris in Summe 29 erste, 41 zweite und 32 dritte Plätze errang, hatte einen banalen Grund: Rund zwei Drittel der 1.344 Teilnehmer kamen aus dem Veranstalterland. Herausragendster Sportler war wiederum ein Amerikaner: Alvin C. Kraenzlein holte lange vor Jesse Owens und Carl Lewis in gleich vier Disziplinen Gold: über 60 Meter, 110 Meter und 200 Hürden (eine heutzutage unbekannte Disziplin) sowie im Weitsprung.

Anglo-amerikanische Provokationen 1908

Auch Großbritannien war von Anfang an bei den Spielen erfolgreich dabei. Wobei manche Siege einen kuriosen Beigeschmack hatten. Im Langstreckenlauf über 5.000 Meter gab es eine Mannschaftswertung. Die jeweils besten vier Läufer wurden gewertet, es mussten pro Team jedoch fünf Athleten am Start sein. Also komplettierte der Australier Stanley Rowley 1900 die britische Mannschaft, obwohl er ein Sprinter war. Die fünf Kilometer absolvierte er gehend, unter dem Gelächter des Publikums genussvoll an einer Zitrone lutschend.

Nicht weniger seltsame Siege errangen die USA in Saint Louis 1904. Insgesamt belegten die Amerikaner gar 84 Prozent der drei Ehrenplätze. Weil im Basketball, Boxen, Ringen, Turnen, Rudern mit Ausnahme des Achters und beim Tauziehen ausschließlich Sportler aus den USA und deren Teams antraten. Gegen sich selbst kann man nicht verlieren.

Der nationalistische Jubel hielt sich nur deshalb in Grenzen, weil die Spiele in Saint Louis Anhängsel einer Weltausstellung waren. Chronisten sind sich nicht einmal einig, wann genau sie im Rahmen dieser begonnen haben. Die Ergebnisse der weit verstreut ausgetragenen Sportbewerbe wurden nirgendwo ausgehängt oder auf andere Art offiziell verkündet.

Zudem folgte auf den deutsch-französischen Konflikt von 1900 eine Fülle ernsterer Provokationen und Insultationen zwischen England und den USA während der Spiele in London 1908. US-Fahnenträger Sheridan erklärte, dass er seine Stars-and-Stripes-Flagge vor keinem irdischen Herrscher – und folgerichtig auch nicht auf der Eröffnungsfeier zu Ehren König Edward VII. – senken würde. Alle Olympiasieger erhielten neben der Goldmedaille einen in die britische Fahne Union Jack gewickelten Lorbeerkranz. Was Nichtbriten wenig begeisterte. Die Olympioniken der USA führten dafür einen gefesselten (Stoff-)Löwen als Symbol für unterlegene Sportler aus Großbritannien vor.

Der 400-Meter-Lauf wurde zur sportlichen Farce und tragischen Lachnummer, weil zwei Amerikaner angeblich einen Briten behinderten und daraufhin ein heimischer Kampfrichter einen dritten Amerikaner mitten im Rennen gewaltsam stoppte. In Footballmanier. Die Rennwiederholung wurde von dem Gestoppten und seinen zwei Landsmännern boykottiert. Der Brite Wyndham Halswelle gewann damals als Vierter der vier Finalisten die Goldmedaille im Spaziertempo. Halswelle war einer von 56 britischen Siegern und trug zum Gewinn des für das erfolgreichste Land gestifteten Pallas-Athene-Pokals bei. Heute zu einer Anekdote geworden, symbolisierte der Fall damals die Interessengegensätze zwischen dem an Einfluss verlierenden Weltreich Großbritannien und der neuen Großmacht USA. Das politische Forum für den Konflikt lieferten die Olympischen Spiele inklusive ihrer vermeintlichen Völkerverständigung.

Auch im Marathon hätte das Publikum jeden Sieger akzeptiert, nur niemanden aus den USA. Also trug man den total erschöpften Italiener Petri Dorado einfach ins Ziel, damit John J. Hayes ihn nicht einholte. Wer hätte das geahnt, als Britanniens Hauptstadt 1908 für Rom einsprang – nach dem Vesuvausbruch gab es in Italien kein Geld für Brot und Spiele –, dass man einen Mann aus Italien so zum Olympiasieger machen wollte?

Zu den sportlichen Skurrilitäten kamen nationale Grenzfälle, weil Kanada und Südafrika – politisch zum britischen Königreich gehörend – mit einer eigenen Mannschaft antraten. Der Gegenentwurf eines „British Empire Team" für die Spiele 1916 in Berlin scheiterte nur, weil diese infolge des Ersten Weltkriegs nicht stattfanden. Dafür rechneten die Nazis in ihrer Propagandaolympiade 1936 Medaillen für Kunst und Kultur in die Nationenwertung mit ein. Aber dazu mehr im Kapitel zu den Spielen in Berlin.

Rassistische Spektakel und ein Diskriminierungsverbot mit vielen Ausnahmen

Das Diskriminierungsverbot der Olympischen Spiele bezog sich ursprünglich auf „Rasse", Religion und politische Überzeugung. Doch hatten Frauen und wirtschaftlich schlechter gestellte Personen lange Zeit in Olympia nichts zu suchen. Den Begründern der Olympischen Spiele in der Neuzeit fiel zum Thema Gleichberechtigung bei einer ihrer ersten Sitzungen nicht mehr ein, als dass man das „Problem" einer Teilnahme von Frauen dadurch lösen könne, wenn wie in antiken Zeiten alle Teilnehmer nackt sein müssten.

Nicht nur in Berlin 1936, sondern bereits seit 1896 waren Menschen mit anders pigmentierter Haut, nicht christliche Gläubige und Andersdenkende unerwünscht. Es dauerte bis 1904, bis mit George C. Poage ein afroamerikanischer Athlet an den Spielen teilnahm. Überschattet wurde sein Auftritt von einem rassistischen Parallelspektakel der besagten Weltausstellung in Saint Louis, wo es anthropologische Tage „zur Prüfung der alarmierenden Gerüchte über Schnelligkeit, Ausdauer und Kraft der wilden Stämme“ – gemeint waren neben Afroamerikanern auch „Indianer“, Philippinos, Ainos und so weiter – gab. Diese seltsame Schaustellung der Minderheiten zur Erheiterung des Publikums im rassistischen Süden der USA erhielt von Pierre de Coubertin Lob als „die ersten Wettkämpfe, die jemals ausschließlich für Wilde veranstaltet wurden“. Coubertin empörte sich lediglich darüber, dass von ihm als „Kulturvölker“ anerkannte Türken und Syrer auf eine Stufe wie von ihm nicht als gleichwertig angesehene Völker gestellt wurden.

Ist es vor einem solchen olympischen Hintergrund überraschend, dass wenig später von Siegen gegen „Nigger“ und bei Niederlagen von „Rassenschande“ gesprochen wurde? Auch wenn das nationalsozialistische Regime den Propagandawert der Olympischen Spiele relativ spät entdeckte – die Wurzeln dafür, dass sich die Olympische Bewegung allzu willfährig mit Hitlers Schergen für eine rassistische Instrumentalisierung der Spiele arrangierte, die reichen bis weit vor den Ersten Weltkrieg zurück.

Die Sache mit den Medaillen

Ab London 1908 grassierte das Olympiafieber. Zudem wurde etwas immer populärer, was es offiziell gar nicht gibt: der Medaillenspiegel als Auflistung der Gold-, Silber- und Bronzegewinner nach Nationen. Das IOC hat diese Statistik vor langer Zeit in weiser Voraussicht verboten. Das war ehrenwert und naiv zugleich. Natürlich werden die schönen Ziele internationaler Spiele ad absurdum geführt, wenn nicht mehr Friedensgedanke und Völkerverständigung zählen, sondern ein Sporterfolg zum Triumph über Athleten eines anderen Landes uminterpretiert wird. Das freilich erledigen Politik und Medien als nationale Komplizen; es gibt kein globales Fernsehen und nicht einmal in der Gegenwart so richtig EU-ropäische Zeitungen. Printmedien und auch deren Onlineangebote richten sich nicht an „Weltbürger“ als Zielpublikum, sondern sind national oder regional fokussiert. Zwischen den Zeilen ist dort oft zu lesen, dass „unsere Guten gegen die bösen anderen“ gewonnen haben.

Daran hat sich übrigens seit den Anfängen der modernen Olympischen Spiele nichts geändert. 1988 in Seoul trat letztmals der aus westlicher Sicht „böse Ostblock" an, bevor die dortigen Staaten mit dem Niedergang ihrer kommunistischen Ausrichtung zerfielen. Es waren die letzten Spiele mit Sportlerriegen aus der UdSSR und der DDR. Vor allem in der ersten Olympiawoche, die traditionell von den Schwimmbewerben dominiert wird, war die Medaillenzahl von Sowjets und Ostdeutschen – Kristin Otto aus Leipzig holte sich schon allein sechs Goldmedaillen – weit höher als jene von Sportlerinnen und Sportlern aus den USA. Wie reagierten da US-amerikanische Medien? Plötzlich kam der Medaillenspiegel in der Berichterstattung nur noch am Rande vor. Wenig später gewannen Kubas Boxer von zwölf möglichen Medaillen sieben goldene und zwei silberne, und die Boxer aus den USA siegten nur einmal. Fidel Castro hatte Boxerfolge immer schon politisch als Ausdruck von „Kraft, Mut, Würde und revolutionärer Ausdauer" bejubelt.

Wirklich weh tat den USA aber eine besondere Niederlage gegen das kommunistische Kuba – im Baseball. Was in der deutschen Zeitschrift Der Spiegel so beschrieben wurde: „Als am Mittwochabend, dem fünften Tag Olympias, die kubanischen Baseballspieler das US-Team 9:6 geschlagen hatten, brach auf den Rängen Jubel aus. Vor dem Stadion droschen sich kubanische und amerikanische Fans die Baseballschläger um die Ohren."

Um fair zu bleiben: Die allerbesten Profis aus den USA hatten nicht teilgenommen. Doch war Kuba bisher für Baseballteams bloß ein Ort zur Talentsuche gewesen – und nun hatten diese Kubaner die USA ausgerechnet in ihrem Nationalsport geschlagen. Niemand kann für das amerikanische Präsidentenamt kandidieren, der bei der Eröffnung der Baseballsaison nicht glaubhaft die inoffizielle Hymne „Take Me Out to the Ball Game" singen kann. Und dann so etwas.

Die nationale Instrumentalisierung der Spiele, bei der anno dazumal Griechenland und Großbritannien, zwischenzeitlich die Sowjetunion mit ihren Verbündeten und bis heute die USA Weltmeister waren, kann gewaltig nach hinten losgehen.

KAPITEL 2

Der Fall Deutschland und andere Nationalismen 1920–1932

Natürlich werden die Olympischen Spiele in der Zwischenkriegszeit primär mit Hitlers Propagandaspektakel in Berlin 1936 in Verbindung gebracht. Doch bereits von 1920 bis 1932 zeigte sich am moralischen Schlüsselfall Deutschlands die realpolitische Lebenslüge der Olympischen Bewegung samt ihren Idealen. Es hatte schon für 1916 eine informelle Zusage des IOC gegeben, die Spiele in Berlin abzuhalten – was sich durch den Ersten Weltkrieg erübrigte.

Carl Diem – damals in Deutschland Generalsekretär des zuständigen Reichsausschusses, 1936 in derselben Funktion für das Organisationskomitee der nationalsozialistischen Diktatur tätig und schon 1948 neuerlich für das Nationale Olympische Komitee (West-)Deutschlands in Amt und Würden – machte aus den Intentionen der Deutschen kein Geheimnis und aus seinem Herzen keine Mördergrube: „Die Spiele sollen und werden ein Mittel sein, die Völker von unserer Weltmachtstellung zu überzeugen!" Wenig später entschied man sich offenbar zwecks mehr Überzeugungskraft für direktere Gewaltmethoden.

Und du bist raus

Vorerst jedoch war Deutschland bei den Olympischen Spielen sozusagen raus. Nach dem Krieg hatte es 1919 in Paris sogenannte „Spiele der Alliierten" gegeben, wo Kriegsverlierer naturgemäß nichts zu suchen hatten. Deren Sportverbände und Sportler wären weder organisatorisch noch finanziell in der Lage gewesen, teilzunehmen. Allerdings waren Tschechen und Serben dabei, welche somit zunächst auf sportlicher Ebene ihre Unabhängigkeit demonstrierten. Gleichermaßen hat übrigens auch gegen Ende des 20. Jahrhunderts nach dem Zerfall der Tschechoslowakei und Jugoslawiens der tschechische und serbische Sport eine zentrale Rolle für die nationale Einheit gespielt.

Nachdem deutsche Truppen unter Missachtung der Neutralität am 3. August 1914 in Belgien einmarschiert waren, galt die Teilnahme einer Mannschaft Deutschlands auch an den Olympischen Spielen 1920 in Antwerpen als kaum vorstellbar. Die feierliche Verkündung eines ausdrücklichen Ausschlusses hätte allerdings den olympischen Gedanken der Völkerverständigung und die These eines unpolitischen Sports in aller Öffentlichkeit pervertiert. Außerdem konnte dadurch ein gefährlicher Präzedenzfall geschaffen werden. Noch dazu gab es in Antwerpen erstmals die Olympische Fahne mit fünf ineinander verschlungenen Ringen, um die Gemeinsamkeit aller fünf Erdteile zu symbolisieren. Da kann man schlecht gleichzeitig beschließen und verkünden, dass jemand ausgeschlossen ist. Die seltsame Lösung des IOC: Das Einladungsrecht wurde dem Veranstalterland zugestanden. Wenig überraschend wurden seitens der Belgier an Deutschland sowie Österreich, die Türkei, Ungarn und Bulgarien keine Einladungen versandt. Ohne dass das IOC zu deren Nichtteilnahme je offiziell Stellung nahm. Es gab im IOC auch gar kein Mitglied aus etwa Deutschland oder Österreich, das dazu etwas sagen hätte können.

Das ist auch insofern interessant, weil ja das Vorfeld der Olympischen Spiele 2024 von der Debatte beherrscht wurde, ob nach Russlands Angriffskrieg gegen die Ukraine seit dem Februar 2022 russische Sportlerinnen und Sportler einzuladen seien oder nicht. Das IOC entschied im Dezember 2023 Einzelsportlerinnen und -sportler aus Russland und Weißrussland eine Starterlaubnis ohne nationale Flagge und Hymne zu ermöglichen. Wie hätte wohl eine völlig autonome Entscheidung der französischen Veranstalter bei gleichzeitigem Schweigen des IOC ausgesehen?

Scharmützel

Ein Beispiel für die Unversöhnlichkeit der Kriegsgegner 1920 war letztlich die Leichtathletik: Die Läufer der US-amerikanischen 4x400-Meter-Staffel erklärten, dass sie der Welt einen Dienst erwiesen hätten, weil sie bei ihrem Olympiasieg zugleich den von einer deutschen Staffel gehaltenen Weltrekord verbesserten. Diese Aussage stand in krassem Widerspruch mit dem in Antwerpen zum ersten Mal gesprochenen Olympischen Eid, in dem der wahre Sportsgeist beschworen wurde.

Deutschland blieb auch von den Spielen 1924 in Paris ausgeschlossen. Ein Antreten deutscher Sportler im Lande des Erzfeindes Frankreich war offenkundig im Rahmen der angeblich völkerverbindenden Olympischen Spiele eine politische Unmöglichkeit. Deutschland hatte im Vorfeld der Spiele gedroht, seine Kriegsreparationszahlungen einzustellen, und Frankreich hatte das Ruhrgebiet besetzt.

Die Wiederannäherung der Deutschen an die Olympischen Spiele erfolgte jedoch durch die Teilnahme der national bis arg nationalistisch gesinnten Olympiafunktionäre an den parallel stattfindenden Tagungen. Der deutsche Sportvertreter Oskar Ruperti hatte 1914 schriftlich in einer Petition festgehalten, dass es von Kriegen abgesehen kein besseres Mittel gäbe, vaterländische Begeisterung zu entflammen, als den Wettkampf der Nationen. Der größte Karriereschritt von Theodor Lewald – ein deutsches Mitglied im IOC, das nie in seinem Leben Sport betrieben hatte – erfolgte, als Adolf Hitler ihn zum Präsidenten des Organisationskomitees der nationalsozialistischen Spiele in Berlin machte.

Schneller, höher, stärker ... oder länger und gemeinsam?

Hinsichtlich sowohl der Nationalitätenkonflikte als auch der Öffentlichkeitswirkung von Olympischen Spielen muss, wenn es um die Sportbewerbe 1924 in Paris geht, auf zwei zentrale Unterschiede zur heutigen Zeit hingewiesen werden: Damals galt als Motto der lateinische Leitspruch „citius, altius, fortius" – also „schneller", „höher" und je nach Übersetzung „stärker" oder „weiter". Erst 2021 in Tokio wurde der Begriff „communiter" („gemeinsam") hinzugefügt.

Zugleich waren die Spiele vor – zum Bucherscheinungszeitpunkt exakt – 100 Jahren viel länger. Sie zogen sich nämlich über viele Monate: Die Olympischen Spiele 1924 in Paris begannen mit Rugbyspielen Anfang Mai und gingen erst drei Monate später mit den Radrennen Ende Juli zu Ende. Oft wird damit die Verdoppelung

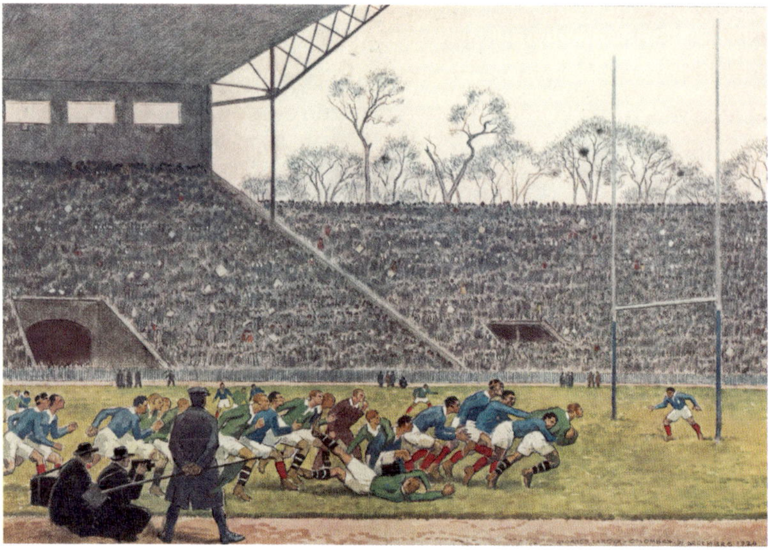

Das Rugbyspiel Irland gegen Frankreich im Stade de France in Paris bei den Olympischen Spielen 1924.

der Teilnehmerzahl begründet, doch gab es eine viel einfachere Erklärungshypothese: Schließlich hatte sich nach dem Weltkrieg die Zahl der Staaten verdoppelt, und somit gab es zweimal so viele teilnehmende Länder.

Laufen wie Nurmi

Sportlich hatten die Pariser Spiele 1924 ihren ersten bis heute bekannten Superstar. Dieser lief schneller als alle anderen, kam aus Finnland und hieß Paavo Nurmi. Er gewann als Einzelsportler im 1.500-Meter- und 5.000-Meter-Lauf. Doppelsiege auf diesen Strecken gelten heutzutage ebenfalls als großartige Besonderheit. Bei den Weltmeisterschaften der Leichtathleten 2022 und 2023 beispielsweise scheiterte Norwegens Laufwunderkind Jakob Ingebrigtsen daran zweimal knapp – natürlich jeweils mit ein paar Tagen Abstand zwischen den Bewerben. Das Bemerkenswerte bei Nurmi war freilich, dass er am 10. Juli 2024 beide Strecken innerhalb von zwei Stunden gewann. Hinzu kamen für Nurmi noch Goldmedaillen im Einzel sowie mit der finnischen Mannschaft im 3.000-Meter-Lauf und im Geländelauf. Beim

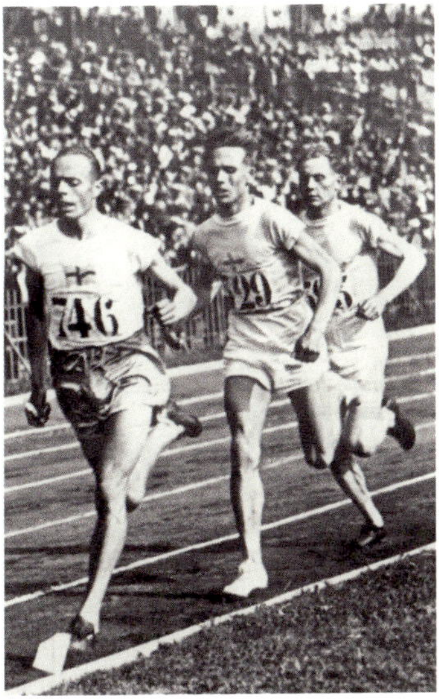

Der finnische Läufer Paavo Nurmi, links vorne im Bild, war der erste olympische Superstar. Bei den Spielen 1924 in Paris gewann Nurmi, der hier bei seinem Sieg im 5.000-Meter-Lauf zu sehen ist, vier Goldmedaillen.

Einzelwettkampf über 10.000 Meter durfte Nurmi nicht starten. Der Grund dafür ist schleierhaft. Denn kurz nach den Spielen unterbot er den Weltrekord um sagenhafte 17 Sekunden. Die Goldmedaille im 10.000-Meter-Lauf holte er sich dafür 1928 in Amsterdam.

Die Legende Nurmi zeigt zugleich die gigantische Weiterentwicklung im Sport. Mit seiner Siegerzeit von Paris über 5.000 Meter wäre er im Jahr 2023 ziemlich genau eine halbe Minute hinter der Weltrekordhalterin bei den Frauen ins Ziel gekommen. Der Männerweltrekordler hätte ihn zweimal überrundet.

Der Schatten auf dem Glanz der Karriere Paavo Nurmis war sein sportliches Ende. 1931 machte er Werbung für ein Medikament, das heute zu einer Dopingsperre führen würde. Nurmi schwärmte von der körperstärkenden Wirkung und empfahl es allen Sportlern wärmstens. Dass er Anabolikafan war, machte ihm damals jedoch niemand zum Vorwurf. Doch soll er zu viel Geld und Reisespesen für die Werbetätigkeit bekommen haben, was als Verletzung seines Amateurstatus gewertet wurde. Nurmi wurde deshalb im höheren Läuferalter lebenslang gesperrt.

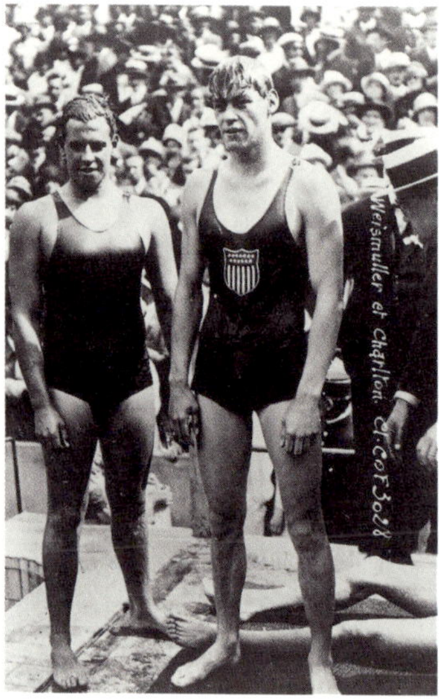

Der US-Amerikaner Johnny Weissmüller – hier links im Bild neben dem Australier Andrew Murray „Boy“ Charlton – war mit seinen drei Goldmedaillen der Schwimmstar der Spiele 1924. Nach seiner Sportkarriere wurde er als „Tarzan“ weltberühmt.

Einziger ernst zu nehmender Konkurrent um Nurmis Superstarstatus bei den Olympischen Spielen in Paris vor 100 Jahren war übrigens Tarzan. Natürlich nicht der literarische „Affenmensch“, sondern dessen späterer Filmdarsteller Johnny Weissmüller aus den USA, der 1924 drei Goldmedaillen gewann. Irgendwie haben Schwimmer eine Neigung, später in Filmen mitzuspielen. Das war ja auch bei Carlo Pedersoli vulgo Bud Spencer, dem italienischen Schwimmserienmeister der Fünfzigerjahre, so.

Amsterdam 1928 als freundschaftlicher Sport?

Bei den Olympischen Spielen in der Hauptstadt der im Weltkrieg neutralen Niederlande waren erstmals alle Verliererstaaten des Ersten Weltkriegs – insbesondere auch Deutschland – vertreten. Fälschlicherweise werden die Spiele 1928 daher als „Olympiade der Freundschaft“ bezeichnet, nachdem sich das Verhältnis Deutschlands zu seinen Kriegsgegnern durch die Verträge von Rapallo 1922 und Locarno 1925 über Wirtschaftsbeziehungen sowie die Anerkennung von Staatsgrenzen halbwegs normalisiert zu haben schien.

In Wahrheit kam es wiederholt zu antideutschen und seltener zu deutschnationalistischen Kundgebungen, die im Verlauf des olympischen Fußballturniers eskalierten. Beim Spiel Deutschland gegen Uruguay gab es Zuschauerausschreitungen und Raufereien zwischen den Spielern. Der uruguayische Außenminister forderte daraufhin von seinem holländischen Amtskollegen eine offizielle Entschuldigung. Vergeblich.

Frankreich entschied sich für direktere Protestformen: Als ein holländischer Sicherheitsbeamter zögerte, das französische Team ins Stadion zu lassen, schlug man ihn zusammen. Anschließend wurde protestiert. Genauer gesagt: Die Schläger aus Frankreich reichten einen Protest ein. Sie drohten mit einem Boykott der Spiele, sollte der von ihnen verprügelte Beamte nicht sofort entlassen werden. Was die Veranstalter dann zum Glück doch nicht gemacht haben.

Immer häufiger wurden zudem inoffizielle Tabellen einer Nationenwertung im jeweiligen Länderinteresse frisiert. General Douglas MacArthur, damals Leiter der US-Delegation – und später jener Oberbefehlshaber, der im Koreakrieg den Einsatz der Atombombe verlangte –, forderte stattdessen die Einführung eines amerikanischen Punktesystems, das für die USA ein (noch) besseres Ergebnis gebracht hätte.

Obwohl man MacArthurs Forderung einer Vergabe von Punkten je nach Platzierung nicht erfüllte, besteht bis heute der entscheidende Gegensatz darin, dass in solchen Ländertabellen in Europa stets nach der Zahl der gewonnen Goldmedaillen gereiht wird. In den USA hingegen ist jenes Land vorne, das in Summe am häufigsten Gold, Silber oder Bronze erringt – theoretisch auch, wenn man ausschließlich Bronzemedaillen gesammelt hat und es keinen einzigen Sieg zu feiern gab.

Deutschland war in der Zwischenkriegszeit ein Verlierer solcher Rechenmethoden, durchschaute aber das Grundprinzip und war lernfähig. 1936 erfand man in Berlin als Veranstalter einen „arischen" Medaillenspiegel ohne Berücksichtigung afroamerikanischer Sieger und Platzierter; im Grunde haben die Nazis sich einfach bereits 1928 entstandene nationalistische Zählmethoden abgeschaut. Außerdem wurden Ehrenpreise in Kunstbewerben den nationalen Goldmedaillen zugerechnet.

Spionageängste der USA und kontraproduktive Gegenwehr

General MacArthur war übrigens überzeugt, dass seine Sportler von den Europäern ausspioniert werden. Er verhängte kurz entschlossen ein Verbot, die Quartiere zu einem anderen Zweck als für die Wettkämpfe zu verlassen. Weil die US-Sportler auf einem Kriegsschiff – der „President Roosevelt", das nach Theodore Roosevelt benannt worden war – untergebracht waren, ergab sich vermutlich eine effiziente Spionageabwehr. Weniger vorteilhaft waren die Folgen der Kasernierung für die amerikanischen Leichtathleten, die sich als unfreiwillige Dauergäste der Marine kaum auf ihre Einsätze im Langstreckenlauf oder Stabhochsprung vorbereiten konnten. Das Training für den Diskuswurf als klassisch griechische Sportart oder das Speerwerfen sollten ebenfalls nicht unbedingt an Orten erfolgen, wo getroffene Soldaten zurückschießen könnten. Auch das Bild olympischer Schwimmer, welche zur Vorbereitung kraulend ein riesiges Kriegsschiff umrunden, wäre absurd. Bereits der Sprung ins Wasser sowie das Entern des Schiffes zwecks Rückkehr auf dasselbige dürften ein unlösbares Problem dargestellt haben. Zum Glück wurde die Länge der Spiele mit Ausnahme des Fußball- und Hockeyturniers in Antwerpen erstmals auf zwei Wochen beschränkt. Bei der bis dahin üblichen monatlichen Dauer der Sportbewerbe wäre der Lagerkoller auf dem Schiff gigantisch gewesen.

Prompt waren die USA als führende Sportnation weniger überlegen als erwartet, obwohl in allen Rechenformen auf dem ersten Platz. Auf dem zweiten Platz folgte Deutschland. Was gut in das Bild der in ökonomischer und kultureller Hinsicht für Deutschland „goldenen Zwanzigerjahre" passte. Das war insofern interessant, als die NSDAP damals Olympische Spiele noch ablehnte. Doch einige ihrer Politiker freundeten sich zunehmend mit dem Gedanken an, man könne nach der Machtergreifung Sporterfolge propagandistisch ausnützen.

Kommerz und Medien

Das ach so freundschaftliche Amsterdam war 1928 zugleich der Anlassfall für die Erkenntnis, dass mit den Olympischen Spielen nicht allein politisches, sondern auch wirtschaftliches und mediales Kapital gewonnen werden kann. Zugegeben wurde die Olympische Bewegung dazu ein bisschen gezwungen. Denn die niederländische Regierung hatte die notwendigen Gelder verweigert, daher mussten neue Einnahmequellen erschlossen werden.

Wie das funktionierte? Ganz einfach: Man verkaufte die Fotorechte an den Spielen exklusiv. Fotografieren war aber längst billiger und dadurch populär geworden. Daher musste man den Rechteinhabern versprechen, im Stadion ein strenges Fotografierverbot durchzusetzen. Um das hinzukriegen, wurde eine Schar von Funktionären beschäftigt, welche heimlich knipsenden Zuschauern nachjagten. Was Tag für Tag in ein ziemliches Spektakel mündete: Touristen mussten ihre Kameras an den Stadionkassen abgeben, nach Übersee zurückreisende Gäste wurden noch beim Einschiffen nach belichtetem Filmmaterial durchsucht. All das klingt anekdotenhaft, doch war ein Anfang gemacht. Mittlerweile kosten Fernseh- und Bildrechte an den Olympischen Spielen Milliarden.

Auch die Urheberrechtsfrage von Videos und Bildern stellt sich mehr denn je. Schließlich muss und soll es irreal sein, dem Publikum die Mobiltelefone wegzunehmen. Da zugleich in den Mediatheken von Fernsehsendern archivierte Olympiaübertragungen liebend gerne auszugsweise illegal kopiert und gepostet werden, sind Verletzungen der Bildrechte in sozialen Medien ein Problem.

Medienrechteinhaber bei den Olympischen Sommer- und Winterspielen für Europa waren von 2018 bis 2024 und sind auch von 2026 bis 2032 die Europäische Rundfunkunion (EBU) und Warner Bros. Discovery mit seinem Sportsender Eurosport. Die einzelnen nationalen Fernsehanstalten müssen sich mit diesen einigen.

Verkäufer der Rechte sind hingegen schon längst nicht mehr die Organisatoren vor Ort, sondern das IOC. Dieses verteilt einen Großteil der von ihm erwirtschafteten Einnahmen an Nationale Olympische Komitees und Sportverbände und macht trotzdem ein Milliardengeschäft. Die Kosten für Übertragungsrechte von den Olympischen Spielen im Fernsehen und Internet betrugen zum Beispiel in den sechs Jahren vor und bis 2024 in Paris – also für je zwei Sommer- und Winterspiele sowie rund zwei Sportmonate – allein für Discovery 1,3 Milliarden Euro.

Los Angeles 1932 und die sozioökonomische Vertuschung

Nachdem bereits 1904 in Saint Louis Olympische Spiele zwecks besserer ökonomischer Bilanz als Anhängsel einer Weltausstellung stattgefunden hatten, wurden deren wirtschaftlichen Aspekte achtundzwanzig Jahre später wieder zum Thema. Allerdings anders als gedacht. Die Frage war nämlich nicht, wie man in den USA vom Tellerwäscher zum Millionär werden könnte, sondern, ob ein sündteures Sportspektakel bei gleichzeitiger sozialer Not im Veranstalterland verantwortbar sei – was ja genauso für jedes größere Sportevent der Gegenwart ein wichtiger Punkt ist. Doch im Regelfall überlagern die Bilder des jubelnden Publikums an den Sportstätten das Elend jener, die sich ganz sicher keine Eintrittskarten leisten können.

Der Charakter der Spiele 1932 in Los Angeles glich einer sozioökonomischen Vertuschungsaktion. Die Arbeitslosenrate in den USA betrug 1932 23,6 Prozent. In absoluten Zahlen waren das mehr als 12 Millionen Menschen. Allein in Los Angeles gab es 70.000 Obdachlose. Dadurch wurde es zum Paradoxon, dass dort erstmals ein Olympisches Dorf gebaut wurde, in welchem die Athleten gratis wohnen durften.

Protestaktionen mit dem Slogan „Wir wollen Lebensmittel und keine Olympischen Spiele!" erzielten freilich keine weltweite Aufmerksamkeit. Zugleich blieb es Symbolik, dass Goldmedaillen von Afroamerikanern – so die von Eddie Tolan im 100-Meter- und 200-Meter-Lauf – auf die noch schlechtere Situation der Schwarzen Minderheit aufmerksam machten: Schlimm genug war, dass eine von vier Personen aus der Arbeiterschicht keinen Job hatte; in der afroamerikanischen Bevölkerung war es eine von zweien.

Viele Sportlerinnen und Sportler befanden sich in der finanziellen Misere, sich eine Teilnahme an den Olympischen Spiele nicht leisten zu können. Sowohl die Teilnehmerzahl als auch die Zahl teilnehmender Nationen waren rückläufig. Kubas Olympioniken sollen ein Frachtschiff mit Zucker vollgeladen und diesen während der Anreise in verschiedenen Häfen versteigert haben, um sich die Fahrt zu finanzieren. Ein brasilianischer Langstreckenläufer reiste angeblich als Autostopper per Lastwagen an und traf erst eine Viertelstunde vor Beginn des 10.000-Meter-Rennens ein.

Zum selben Zeitpunkt gab es in Deutschland etwa fünf Millionen Arbeitslose. Diese konnten sich die Teilnahme oder auch nur ein Ticket zu den Olympischen Spielen 1936 in Berlin ganz sicher auch nicht leisten. Als Gastgeber der nächsten Spiele waren die Deutschen aber gezwungen, mit einer relativ großen Mannschaft teilzunehmen, was trotzdem nur für den siebten Platz in der Medaillenwertung reichte. Das bedeutete Aufwind für die Nationalsozialisten, welche 1932 noch die Olympischen Spiele und ihre Internationalität ablehnten.

Die Spiele 1932 in Kalifornien, nahe dem reichen Hollywood, waren geradezu ein Fortbildungsprogramm, aus dem das spätere Regime in Deutschland viel lernen konnte. Trotz der geringsten Teilnehmerzahl seit 1904 und den sozialen Problemen wurden die siebenstellige Gesamtzuschauerzahl vor Ort, die Verbindung des Menschenauflaufs mit je nach Interpretation ziemlich kitschiger bis kultischer Kunst und exklusive Medienrechte genutzt, um das Olympiaspektakel möglichst positiv darzustellen.

So ließen sich im Rückblick gesehen für die Nationalsozialisten ausgerechnet in den USA ungeahnte Propagandachancen erkennen. Der Generalsekretär des Organisationskomitees der Berliner Nazispiele 1936, Carl Diem, war jedenfalls bei der Eröffnungsfeier im Olympiastation von Los Angeles begeistert von Musik und bunten Farben: „Hundertfünftausend Menschen durch Bankreihen gegliedert, hell gekleidet, sind im weiten Rund versammelt.“ Sozusagen uniformiert in Reih und Glied.

Sportliche Nationalisten als beste Verbündete der Nazis

Es zeigte sich, dass das nationalsozialistische Regime auf einem für Hitler äußerst fruchtbaren Boden des mehrheitlich nationalistischen Sports in Deutschland aufbauen konnte. Noch vor der Machtergreifung im Jänner 1933 wurden ohne jedweden Zwang afroamerikanische Athleten als „schwarze Hilfstruppen der USA“ bezeichnet, die bald in einem „weltweiten Kampf der Nationen weißer Rasse und primitiven Menschen“ dem vermeintlichen „Herrenvolk“ gegenüberstehen würden.

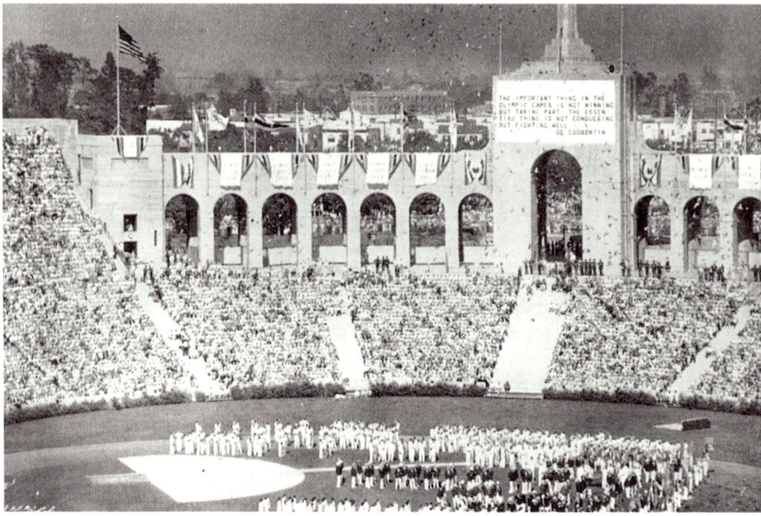

Die Eröffnungszeremonie im Olympiastation Los Angeles 1932 ließ die Nationalsozialisten die Propagandachancen der Spiele erkennen.

Arthur Jonath, Bronzemedaillengewinner im 100-Meter-Lauf, war der „Retter der weißen Rasse“. Peinlich für die Rassisten war, dass Jonath sich auf seinem dritten Platz zwei afroamerikanischen Sprintern geschlagen geben musste. Edmund Neuendorff, Führer der Deutschen Turnerschaft, erklärte, dass die Ehre der Rasse es deutschen Sportlern verbieten sollte, in einem Rennen „mit Negern und anderen Farbigen“ anzutreten. Genauso lieferte ein Teil des Österreichischen Turnerbunds (ÖTB) eine besonders widerliche Wortspende. Es sei „beschämend, wenn ein Neger mit Wollkräuseln und dicken Lippen den deutschen Sprintmeister schlägt“.

Abgesehen vom sportlichen Dilemma, das sich 1936 durch Vierfacholympiasieger Jesse Owens vervielfachen sollte, und eines deshalb limitierten propagandistischen Nutzwertes, gab es aus nationalsozialistischer Sicht keine besseren Verbündeten als sportliche Nationalisten. Wobei Japan als späterer Verbündeter der Deutschen die Olympischen Spiele 1932 zugleich für den Ausdruck seiner Expansionspolitik – im Jahr davor war man in der

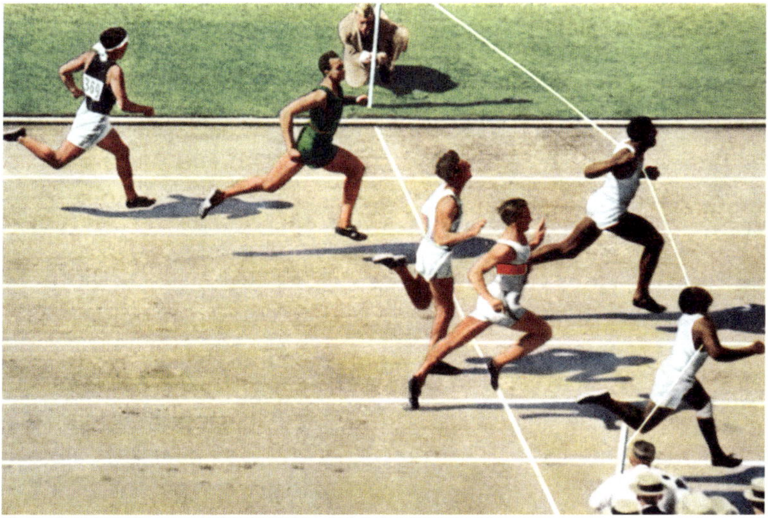

Eddie Tolan (USA) vor seinem Landsmann Ralph Metcalfe und dem deutschen Arthur Jonath beim Zieleinlauf über 100 Meter bei den Spielen in Los Angeles 1932. Dass Jonath Platz drei hinter den beiden afroamerikanischen Sportlern erreichte, war peinlich für den mehrheitlich rassistischen deutschen Sport.

Mandschurei einmarschiert, um Marionettenherrscher zu installieren – nutzte. Die Japaner waren in Los Angeles erstmals dabei und in jedem sportlichen Wettbewerb mit mindestens einem Starter vertreten.

Generell muss nochmals auf die verblüffende Affinität der Nationalisten aller Länder verwiesen werden, ausgerechnet die Olympischen Spiele mit ihrer Internationalität als Bühne der Ablehnung und des Hasses auf andere Nationen und Ethnien nutzen zu wollen. Die spätere Ansicht von Adolf Hitler und beispielsweise Benito Mussolini über den Zweck der Spiele als nationalistische Machtdemonstration auf internationaler Ebene war letztlich nichts anderes als die logische Fortsetzung dessen, was General Douglas MacArthur als Delegationsleiter der USA 1928 gezeigt hatte.

KAPITEL 3

Die Nazispiele 1936 als Rassenwahn

Es gab mehr als genug Nationalismus im deutschen Sport, an den der Nationalsozialismus später anknüpfen konnte. Zum Beispiel waren die von „Turnvater Jahn" gegründeten Turnvereine ursprünglich bürgerlich-freiheitlich, entwickelten sich jedoch rasch zu paramilitärischen Organisationen mit eindeutig nationalistischen Zielen wie die „Stärkung des deutschen Selbstbewusstseins" nach dem gegen Frankreich 1870/71 verlorenen Krieg.

Die deutsche Turnerschaft zählte zu Beginn des Ersten Weltkriegs weit über eine Million Mitglieder in 11.400 Vereinen. Später in leitenden Funktionen für die Nationalsozialisten tätige Sportfunktionäre haben dort oft ihre ersten Führungserfahrungen gesammelt. Zu den internationalen Sportbewerben der Olympischen Spiele hieß es damals im DRAfOS – dem deutschen Reichsausschuss für Olympische Spiele – noch: „Man rede nicht von der völkerverbindenden Macht der Spiele. Sie sind Krieg, echter Krieg."

Erst Mitte und Ende der Zwanzigerjahre begannen Bemühungen um eine Ausrichtung von Olympischen Spielen in Deutschland, 1931 erhielt man die Spiele in Berlin zugesprochen. Nationalsozialisten und Kommunisten waren in seltener Einigkeit gleichermaßen dagegen. Der Parteiideologe der NSDAP, Alfred Rosenberg, bezeichnete Olympische Spiele als „rasselos". Im Völkischen Beobachter war zu lesen: „Der Selbststolz würde es gebieten, allen internationalen Veranstaltungen fernzubleiben." Julius Streicher, Herausgeber der Hetzschrift Der Stürmer, hatte die Spiele ein „infames Spektakel, das die Juden dominieren" genannt. Die Meinung des späteren Reichsführers der SS, Heinrich Himmler, war um nichts freundlicher. Mit dem olympischen Spuk solle Schluss sein, hatte man bis 1933 getrommelt. Völkerverständigung und Diskriminierungsverbot der Spiele kollidierten mit dem nationalsozialistischen Rassenwahn.

Das Umdenken

Es waren Joseph Goebbels und sein Reichsministerium für Propaganda und Volksaufklärung, die eine Haltungsänderung als weltrekordverdächtige Kehrtwende der Nationalsozialisten zu den Olympischen Spielen auslösten. Die Chance auf eine politische Instrumentalisierung war einfach zu verlockend.

Schließlich lauteten die propagandistischen Ziele in der ersten Phase der nationalsozialistischen Schreckensherrschaft die Erzeugung des Eindrucks von absoluter Friedensliebe des neuen Regimes im Ausland – eine Tarnung der Aufrüstungsmaßnahmen – und die Weckung und Steigerung des Wehrwillens der Bevölkerung.

Welche Verschleierungstaktiken waren dafür besser geeignet als das olympische Politikspektakel mit sportlicher Tarnkappe? Konkrete deutsche innenpolitische Funktionen der Spiele waren die Förderung von Massenloyalität bzw. des nationalen Zusammengehörigkeitsgefühls durch Integrations- und Identifikationseffekte sowie die Ablenkung von inneren Schwierigkeiten, daneben spekulierte man auf einen wirtschaftlichen Nutzen. Außenpolitisch kamen ein internationaler Prestigegewinn im Kampf gegen Isolationsbestrebungen und die Darstellung als demokratischer Staat hinzu.

Am 13. März 1933 erklärte Adolf Hitler, dass er die Olympischen Spiele begrüße und er alles tun würde, um ihre Durchführung so vollkommen wie möglich zu gestalten. Auf seine Art. Kurz darauf, noch im Frühjahr 1933, wurden Juden von der Mitgliedschaft in nahezu allen deutschen Sportvereinigungen ausgeschlossen. Die Aufstellung der deutschen Mannschaft wurde als interne Angelegenheit bezeichnet, in die man sich von keinem internationalen Komitee dreinreden lassen würde.

Im September 1935 verabschiedete die NSDAP auf dem Reichsparteitag die Nürnberger Gesetze, darunter das „Gesetz zum Schutz des deutschen Blutes und der deutschen Ehre“, welches Mischehen

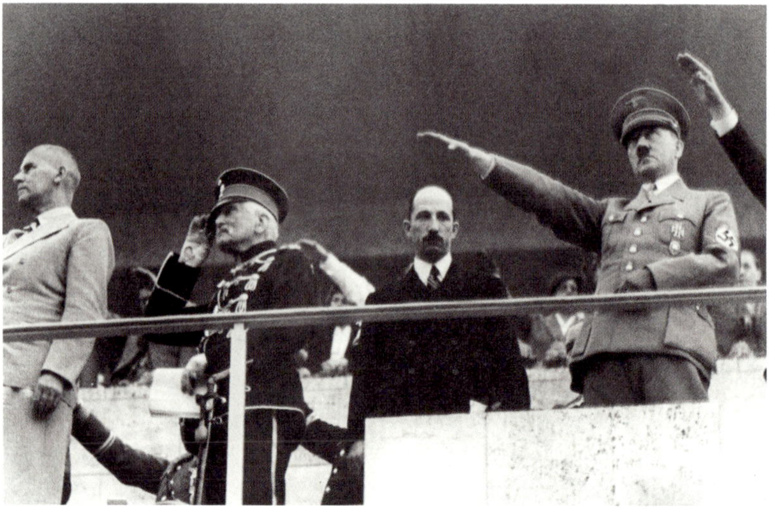

Die Spiele als Propagandashow: Adolf Hitler auf der Ehrentribüne des „Reichssportfelds", dem Olympiastadion der Sommerspiele 1936 in Berlin.

und gemischtrassigen Geschlechtsverkehr verbot. Das „Reichsbürgergesetz" degradierte „Nichtarier" zu Staatsangehörigen ohne Bürgerrechte. Juden war damit die Teilnahme an den Olympischen Spielen auch formal unmöglich gemacht.

Parallel dazu wurden Niederlagen deutscher Sportler gegen „nicht arische Athleten" als Rassenschande bezeichnet. Als der deutsche Boxer Max Schmeling den Afroamerikaner Joe Louis schlug, wurde das als „deutscher Sieg über den Nigger, den hässlichen braunen Bomber" bezeichnet. Das vermeintliche Umdenken der NSDAP zum internationalen Sport war also nichts als scheinheilige Propaganda.

Das sportliche Ende der Gretel Bergmann

Im Juni 1933 übernahm Reichssportführer Hans von Tschammer und Osten sein Amt, ohne durch irgendeine Qualifikation oder Erfahrung als Sportfunktionär „vorbelastet" zu sein. Seine Vergangenheit als SA-Gruppenführer und SS-Sonderkommissar mit Beteiligung an der Zerschlagung der sozialistischen Sportbewegung befähigte ihn jedoch zum beschriebenen systematischen Ausschluss von Andersdenkenden und Juden aus allen Sportverbänden und von den Sportanlagen.

Als eines von zahllosen Schicksalen wurde die Geschichte der jüdischen Leichtathletin Margarete Bergmann verfilmt. Sie sprang auf einem Sportfest am 27. Juni 1936 noch 1,60 Meter hoch und stellte den deutschen Rekord ein. Das war auch deswegen eine ganz außergewöhnliche Leistung, weil jüdische Sportlerinnen und Sportler sowie Vereine Sportanlagen nur benutzen durften, wenn diese nicht anderweitig gebraucht wurden – was fast immer der Fall war. Für die zwei Wochen nach ihrem Rekordsprung stattfindenden Deutschen Meisterschaften, die als endgültige Olympiaausscheidung zählten, erhielt Bergmann keine Starterlaubnis. Diese blieb Mitgliedern arischer Vereine vorbehalten. Bergmann flüchtete noch im selben Jahr in die USA, wo sie 1937 und 1938 Staatsmeisterin wurde. Den Olympiasieg hatte sich inzwischen die Ungarin Ibolya Csák geholt, mit einer übersprungenen Höhe von genau 1,60 Meter – also nicht besser als der Sprung Bergmanns im gleichen Jahr.

Bloß zu Propagandazwecken wurden für die Olympischen Winterspiele 1936 in Garmisch-Partenkirchen und die Sommerspiele in Berlin zwei „Halbjuden“ in die deutsche Mannschaft aufgenommen. Der Eishockeyspieler Rudi Ball kehrte dafür aus der Emigration in der Schweiz kurz zurück, weil ihm als Gegenleistung die Ausreise seiner Eltern versprochen wurde. Die Fechterin Helene Mayer lebte bereits in den USA und war als Olympiasiegerin 1928 eine auch in der außenpolitischen Kommunikation willkommene Vorzeigesportlerin, welche nach dem Ende der Spiele in Deutschland sicher keine Rolle mehr spielen würde.

Die Komplizenschaft des IOC

Zahllose Gründe für das IOC und die mächtigsten Nationalkomitees wie jenes der USA, die Olympischen Spiele in Berlin abzusagen, zu verlegen oder zu boykottieren? Bei der regelmäßigen Sitzung des IOC in Wien 1933 wurde einstimmig beschlossen, die Spiele in Berlin zu belassen. Obwohl die New York Times und die New York Herald Tribune unmittelbar vor der Tagung auf ihren Titelseiten auf die Rassendiskriminierung in Deutschland im Spielezusammenhang hingewiesen hatten.

Als Feigenblatt diente eine schriftliche Erklärung des nationalsozialistischen Reichsinnenministers Frick, dass man Juden nicht grundsätzlich von deutschen Mannschaften ausschließen würde – was nachweislich glatt gelogen war. Das schöne Wörtchen „grundsätzlich" hätte schon vermuten lassen müssen, dass ein Ausschluss jüdischer Sportlerinnen und Sportler auf indirektem Weg geplant war.

Auf der Athener IOC-Sitzung 1934 waren lediglich 23 von 59 Mitgliedern anwesend; nur drei forderten eine Erörterung des Themas. 1935 waren Absage, Verlegung oder Boykott nicht einmal mehr Thema der Tagesordnung. Der deutschstämmige Amerikaner Lee Jahncke, der in zwei offenen Briefen einen Boykott befürwortete, wurde 1936 aus dem IOC ausgeschlossen. Ohne Gegenstimme. Jahnckes Briefworte „Liebe zu einem früheren Deutschland" und seine „Ergebenheit für einen demokratischen Sportsgeist" lösten im IOC offiziell „Empörung über den Verrat der Interessen des Komitees und über den Verstoß gegen die guten Sitten" aus. Nachfolger Jahnckes im IOC wurde ein gewisser Avery Brundage.

Der Rassist Avery Brundage

Gleichermaßen erschütternd verlief die Boykottdiskussion in den USA. Die American Athletic Union (AAU), der größte Amateursportverband des Landes, hatte im November 1933 aufgrund der antisemitischen Politik in Deutschland mit einem Boykott der Spiele in Berlin gedroht. Einer entsprechenden Resolution wurde bis auf drei Ausnahmen zugestimmt. Eine der Ausnahmen: Avery Brundage, scheidender AAU-Vorsitzender und Präsident des United States Olympic Committee (USOC), war der stärkste Befürworter einer Teilnahme der USA. Aus Brundages Sicht hatte Deutschland unter der nationalsozialistischen Herrschaft „viele Fortschritte gemacht" und kein Land würde „mit der Veranstaltung der Olympischen Spiele aufrichtigere Nationalinteressen" verfolgen. Die USA könnten „vor allem im Kampf gegen den Kommunismus viel von Deutschland lernen".

Das USOC beschloss im Juni 1934, eine Kommission nach Deutschland zu entsenden, welche dort die Diskriminierung jüdischer Sportler untersuchen sollte. Einziges Mitglied dieser Kommission war Avery Brundage. Noch vor seiner Abreise mit dem Schiff nach Hamburg erklärte er in einem Artikel für eine offizielle Zeitschrift des USOC, dass Deutschland durch die Ausrichtung der Olympischen Spiele die „internationale Freundschaft und das Verständnis der Menschheit“ fördern würde. Brundage, der deutschen Sprache nicht mächtig, traf während seines sechstägigen Aufenthalts ausschließlich in Anwesenheit von hohen NSDAP-Beamten mit jüdischen „Sportfunktionären“ zusammen, meistens im Berliner Hotel Kaiserhof. Dabei soll er gegenüber seinen Gesprächspartnern argumentiert haben, dass den Juden kein Unrecht geschehe, denn schließlich sei der Sport untereinander gestattet, und sein eigener Verein in Chicago nehme auch keine Juden auf.

Infolge von Brundages Bericht nahm das USOC im September 1934 die Einladung des Organisationskomitees zu den Olympischen Spielen 1936 in Berlin an, obwohl spätestens seit den Nürnberger Rassengesetzen auf dem Reichsparteitag 1935 der Antisemitismus auch im Sport dokumentierbar war. Zur rassischen Diskriminierung jüdischer Sportlerinnen und Sportler kam die politische Verfolgung; 1935 waren nach unvollständigen Quellen knapp 5.500 Prozesse gegen über 20.000 Regimegegner durchgeführt worden. Auf den Sitzungen von IOC und USOC wurde das Thema aber nicht weiter besprochen.

Die Rolle der Medien

Der olympische Propagandaerfolg der Nationalsozialisten beruhte selbstverständlich auf der Gleichschaltung von Presse und Rundfunk durch das Schriftleitergesetz im Oktober 1933. Für die Olympischen Spiele hatte in Deutschland das Deutsche Nachrichtenbüro (DNB) mit seinem Olympischen Nachrichtendienst (OND) ein Informationsmonopol. Ausländische Journalisten wurden nicht durch Generalpässe pauschal akkreditiert, sondern erhielten nur sogenannte Sonderzuteilungen für einzelne Veranstaltungen. Wer als deutscher Journalist der Weltpresse ohne Spezialerlaubnis Informationen weitergab, wurde auf Anraten des Organisationskomitees kurzerhand von der Geheimen Staatspolizei (GESTAPO) für die gesamte Dauer der Spiele inhaftiert. In einer Analyse internationaler Zeitungsberichte zur Spielezeit ergab sich dadurch in England und Frankreich ein positives Deutschlandbild, obwohl die Mehrheit der Blätter ansonsten das nationalsozialistische Regime ablehnte.

Der Rundfunk übertrug während der Berliner Spiele von 68 Übertragungsstellen aus etwa 3.000 Olympiasendungen an 40 Länder. Das Recht zu Filmaufnahmen hatte auf persönliche Anordnung von Joseph Goebbels einzig und allein eine eigens geschaffene Olympiafilmgesellschaft. Berühmt wurde der monumentale Werbefilm „Olympia" von Leni Riefenstahl. Sie war Adolf Hitlers Lieblingsregisseurin und für ihre bombastischen Propagandafilme von Parteitagen der NSDAP berüchtigt. Auch „Olympia" wurde nicht durch den Staat, sondern direkt von der nationalsozialistischen Partei finanziert. Das IOC verlieh Riefenstahl nichtsdestoweniger dafür 1937 das Olympische Diplom für besonderes Engagement.

Die Legende von Jesse Owens und Luz Long

Die Nationalsozialisten taten 1936 wirklich alles, um sich selbst als auserwählte Nation darzustellen. So erfanden sie sogar einen eigenen Medaillenspiegel, der Kunstgewerbe wie Bau und Architektur mitberücksichtigte. In dieser Kategorie konnten nur Deutsche gewinnen, denn es konnte ja kein nichtdeutscher Architekt mit einem Bautrupp in Berlin ein Gebäude errichten. Stattdessen gab es jede Menge die Olympischen Spiele begleitende Ausstellungen, auf denen man Goldmedaillen für so ziemlich alles vergab, was deutsche Baumeister im Naziauftrag irgendwo hingestellt hatten.

Natürlich wurden auch wirklich errungene Sportmedaillen so inszeniert. Nur in einem Fall hat die Inszenierung nicht gepasst: als ausgerechnet der Afroamerikaner James Cleveland „Jesse" Owens seine vier Goldmedaillen im 100-Meter- und 200-Meter-Lauf sowie im Weitsprung und in der Laufstaffel gewann. (Diese Leistung an Siegen konnte bisher nur Owens Landsmann Carl Lewis 1984 in Los Angeles wiederholen, und der Weitsprungrekord von Owens in Berlin wurde erst zweiunddreißig Jahre später von Bob Beamon verbessert.) Owens hatte sich schon 1935 bei den US-Meisterschaften in Ann Arbor mit sechs Weltrekorden in fünfundzwanzig Minuten selbst übertroffen.

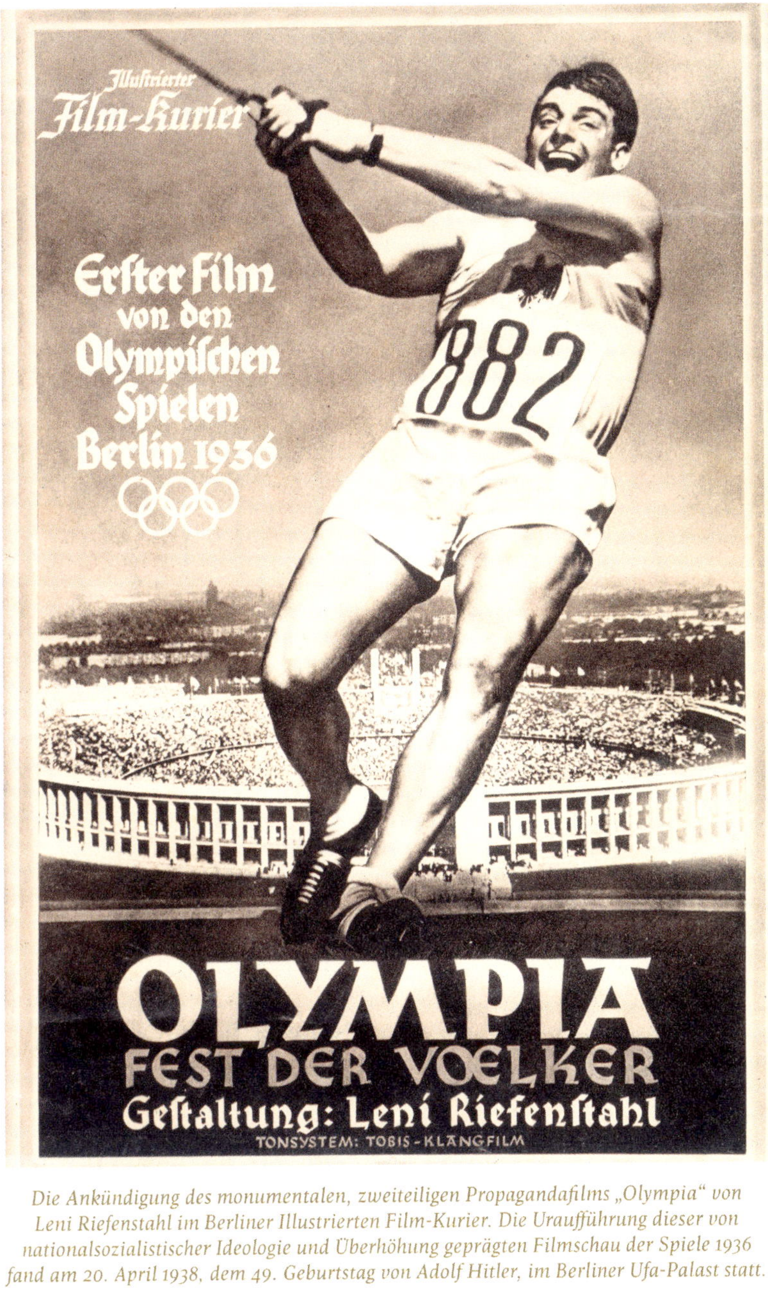

Die Ankündigung des monumentalen, zweiteiligen Propagandafilms „Olympia" von Leni Riefenstahl im Berliner Illustrierten Film-Kurier. Die Uraufführung dieser von nationalsozialistischer Ideologie und Überhöhung geprägten Filmschau der Spiele 1936 fand am 20. April 1938, dem 49. Geburtstag von Adolf Hitler, im Berliner Ufa-Palast statt.

Generell konnten deutsche Sportler in der prestigeträchtigen Leichtathletik vor Berlin 1936 keine einzige Goldmedaille erringen. Umso mehr überschattete nun Owens das nationalsozialistische Propagandaprogramm, war doch ein „Untermensch“ schneller und besser als das vermeintliche „Herrenvolk“. Auch weitere Olympiasieger aus den USA mit afroamerikanischen Wurzeln wie Hochsprungsieger Cornelius Johnson passten so gar nicht ins Konzept.

Tragisch war übrigens, dass sich die Anerkennung von Owens in den zum Teil ebenfalls rassistischen USA nach den Spielen in Grenzen hielt: Aus Geldmangel musste er als eine Art Jahrmarktbelustigung sogar gegen ein Pferd um die Wette laufen. Den Sullivan Award als Auszeichnung für den besten Sportler in den USA bekam Owens hingegen nie.

Stattdessen entstand im Nachkriegseuropa eine fragwürdige Legendenbildung. Gelobt und tausendfach wiedererzählt wurde die Männerfreundschaft von Jesse Owens mit seinem deutschen Weitsprungkonkurrenten Luz Long als wahrem deutschen Sportsmann. Es gibt ein weltberühmtes Bild dazu: wie Owens und Long nach überstandener Qualifikation bäuchlings auf dem Rasen plaudernd nebeneinanderliegen. Was natürlich die Rassenideologie der Nazis konterkarierte.

Mündlich wird dazu – hier als Kurzfassung – allerlei erzählt: Die beiden seien wirkliche Freunde gewesen. Luz Long hätte seinem Kumpel Jesse Owens mit Anlauftipps im Vorkampf geholfen, damit dieser nicht nach zwei übertretenen Fehlversuchen das Finale verpasste. Was vermutlich schlicht frei erfunden war. Möglicherweise sogar von Owens selbst. Historische Quellen wie Sportzeitschriften berichteten nämlich, dass beide Weitspringer die Qualifikation mühelos schafften.

Später soll Long als Soldat im Krieg seinem Freund Owens geschrieben haben. Mit der Feldpost an einen Kriegsgegner, trotz strengster Zensur aller Soldatenbriefe? Und die deutsche Post hat das Schreiben mitten im Krieg bis in die USA zugestellt? Das ist schwer zu glauben. Alle plapperten aber die Freundschaftsgeschichte nach, und keiner machte sich Gedanken darüber, dass Hitlers Lieblingsregisseurin Rie-

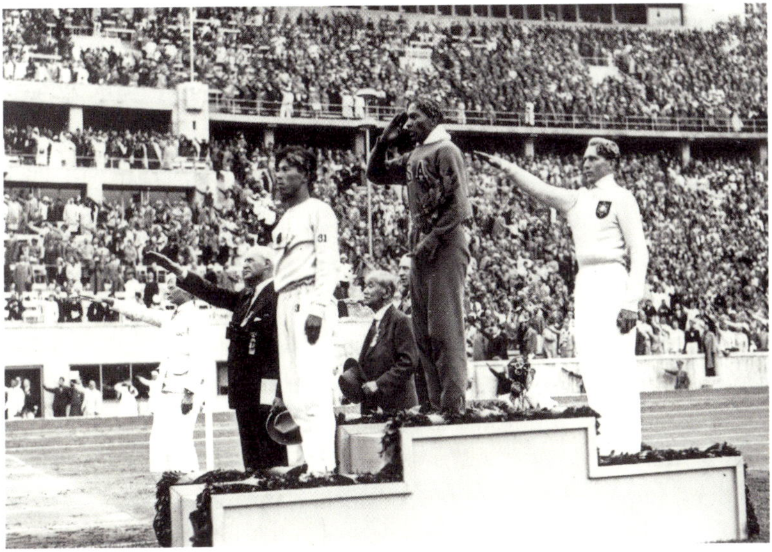

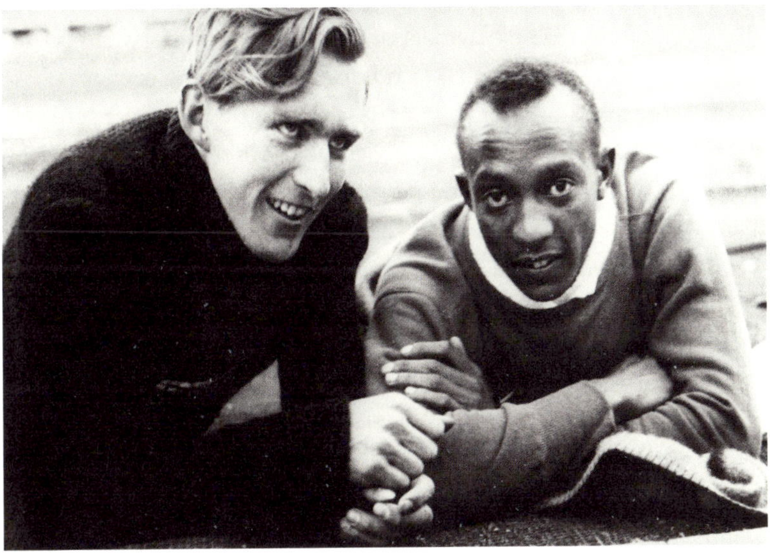

Oben: Die Siegerehrung des olympischen Weitsprungbewerbs bei den Spielen 1936 in Berlin: Der US-Amerikaner Jesse Owens gewann mit 8,06 Metern Gold, der Deutsche Luz Long mit 7,87 Metern Silber.

Unten: Jesse Owens und Luz Long liegen auf einer Decke im Olympiastadion – ein Bild, das für die Entstehung einer Legendengeschichte über die „Männerfreundschaft" sorgte.

fenstahl das vermeintliche Freundschaftsbild in ihren Filmen für das Regime der NSDAP missbrauchte. Mit dem Zusatz, dass „der Führer dazu väterlich lächelte". Purer Quatsch.

Die anerkannte Neue Zürcher Zeitung (NZZ) – welche noch 2013 Owens rassistisch als „kaffeebraun" bezeichnete, ohne dass ihr das in einem Würdigungsartikel für den Sportler aus den USA auffiel – gab ein differenzierteres Bild dieser „Männerfreundschaft vor Adolf Hitlers Augen". In den Aufzeichnungen Luz Longs findet sich dieser Moment der Weitsprungberatung für Owens nicht. Sondern Long schrieb nur vom Rasenfoto als ein gestelltes Bild von vielen.

Auch das Bild vom tollen Sportsmann Long hat gewaltige Risse und Schrammen. Die NZZ zitiert ihn so: „Ich stelle mich dankend grüßend unter meinen Führer. Und ich glaube es kaum, er erhebt sich, grüßt mit seinem gütigen, väterlichen Lächeln zu mir herab, in seinem Auge liegt der einzige Wunsch, dass ich siegen möchte." Bei allem Verständnis für die damals zur Sportausübung notwendige Anpassung, damit disqualifiziert sich Long als Held der Gegenwart.

Unbestritten ist, dass Luz Long Jesse Owens als Sportler sehr respektiert hat. Vielleicht hat Owens deshalb nachher gerne die „Ritterlichkeit" Longs gerühmt. Und gewaltig ausgeschmückt. Dem Sporthistoriker Tom Ecker gegenüber sagte er jedenfalls später, das wären Geschichten, welche die Leute hören wollen. Und Owens hatte das Erzählmonopol, weil Long im Zweiten Weltkrieg gefallen war.

Vermutlich lag die Wahrheit in der Mitte: Long war als typischer Mitläufer ein guter Sportsmann und zugleich ein mehr opportunistischer als ideologisch überzeugter Nationalsozialist, mit dem Kalkül, seinen Sport und den angestrebten Juristenberuf ausüben zu dürfen. Doch in der Bundesrepublik Deutschland und ebenso in Österreich wollte man später statt einer seriösen Vergangenheitsbewältigung allzu gerne Heldenfiguren finden, die trotz des Schreckensregimes integer gewesen wären.

Nichts gelernt

Sogar der Rückblick auf die unmittelbaren Ereignisse in Berlin ist von olympischer Verlogenheit gekennzeichnet. Die Weigerung Hitlers, afroamerikanischen Olympiasiegern die Hand zu schütteln, wird mehrfach als „protokollarisch nicht üblich" beschönigt. Für deutsche und andere europäische Sieger gab es einen Händedruck des „Führers", anders als es der spätere IOC-Präsident Avery Brundage darstellte. Ausgerechnet NSDAP-Reichsjugendführer Baldur von Schirach entlarvte in seinen Memoiren Brundage endgültig, als er Hitler zitierte: „Die Amerikaner sollten sich schämen, dass sie sich ihre Medaillen von Negern gewinnen lassen. Ich werde diesem Neger nicht die Hand schütteln. Glauben Sie, dass ich mich fotografieren lasse, wie ich einem Neger die Hand schüttle?"

Noch am 11. März 1984 wiederholte Willi Daume, IOC-Vizepräsident und Präsident des Deutschen Olympischen Komitees, anlässlich der Umbenennung einer Berliner Straße in Jesse-Owens-Allee Brundages einstige Schönfärberei inklusive Protokolllüge in seiner Festansprache. In seinem Buch „Recht, nicht Rache" berichtet dazu Simon Wiesenthal: „Er [Daume] benutzte die Gelegenheit, den Sinn der ganzen Umbenennung in ihr Gegenteil zu verkehren. Ich weiß nicht, was Daume veranlasst hat, eine von dieser Darstellung [in Baldur von Schirachs Memoiren] so völlig abweichende Version zum Besten zu geben. Vielleicht seine Naziparteinummer 6098980." Willi Daume hatte zudem zur Zeit des Zweiten Weltkriegs an der Ausbeutung von Zwangsarbeitern im besetzten Belgien mitgewirkt. Zugleich war er ein Spitzel für den Sicherheitsdienst der SS. Das waren nicht nur Kriegsverbrechen, sondern – wie Wiesenthal in seinem Buch „Recht, nicht Rache" sehr treffend schrieb – Verbrechen gegen die Menschlichkeit während des Krieges.

Entnazifizierung als Megaflop

Nach dem Zweiten Weltkrieg wurde, wie in viel zu vielen Gesellschaftsbereichen, nach nationalsozialistischen Tätern im Sport nicht gesucht, oder die Suche wurde mit Fortdauer des Kalten Kriegs abgebrochen. Carl Diem etwa war als Generalsekretär des Organisationskomitees der eigentliche Manager der Olympischen Spiele 1936 in Berlin gewesen. Und hatte alle Wünsche Adolf Hitlers und seiner Schergen erfüllt. Die Berliner Spiele bezeichnete Diem trotzdem später als „Oase der Freiheit in der Zwangsherrschaft“, wo eine „Feier in vollendeter Harmonie vor sich ging“ und sich erst nach dem Zusammenbruch des Dritten Reiches Kritiker fanden, die das „Fest als unerlaubte Propaganda gebrandmarkt“ hätten. Funktionäre mit eindeutiger Vergangenheit in der NSDAP waren für Diem „Bewahrer der ehrwürdigen deutschen olympischen Tradition“. Schon 1949 wurde er im demokratischen Deutschland wieder Schriftführer des Nationalen Olympischen Komitees. Kein Wunder. Schließlich hatte das IOC ihn bereits 1948 zum „Mister Olympic“ ernannt. Warum auch immer. Weil er so ein guter Nazimanager war? Jedenfalls wurde Diem posthum in seinem eigenen Verlag als „strahlender, nordischer Typ“ gewürdigt – igitt.

Karl Ritter von Halt wiederum war sowohl Olympiateilnehmer in Stockholm 1912 als auch Held des Ersten Weltkriegs gewesen. Später wurde er zum SA-Gruppenführer und Mitglied im „Freundeskreis der Reichsführer SS“ unter Heinrich Himmler. Er war also im engsten Kreis der Sturmabteilung und der Schutzstaffel des Nationalsozialismus. Und gleichermaßen war von Halt sowohl Mitglied der NSDAP als auch des IOC. 1936 fungierte der adelige Ritter als Präsident des Organisationskomitees der Olympischen Winterspiele in Garmisch-Partenkirchen sowie als Mitorganisator in Berlin. In diesen Funktionen betonte er ausdrücklich, dass seine Sorge um einen geordneten Verlauf der Spiele ohne antisemitische Ausschreitungen nur der Olympischen Bewegung galt, nicht aber, um den Juden zu helfen. 1943 wurde von Halt gar zum Reichssportführer berufen. Nach Kriegsende war von Halt bis 1950 im Zuchthaus Brandenburg interniert, um 1951 Präsident des Nationalen Olympischen Komitees der Bundesrepublik Deutschland zu werden. Pfui Teufel.

KAPITEL 4

Der Kalte Krieg der Supermächte 1948–1988

Die Olympischen Spiele 1940 und 1944 fielen dem Zweiten Weltkrieg zum Opfer. Tokio im Sommer und davor Sapporo im Winter als ursprüngliche Veranstaltungsorte gaben die Spiele mit Fortdauer des chinesisch-japanischen Krieges zurück. Japan erhielt als Kriegsverlierer erst Jahrzehnte später – 1964 und 1972 – wieder die Möglichkeit, Spiele auszurichten.

Die neuen Veranstaltungsorte Helsinki und Garmisch-Partenkirchen – ja, es war nochmals ein deutscher Ort für nationalsozialistische Propagandaspiele ausgewählt worden – mussten nach dem Einmarsch deutscher Truppen in Polen und sowjetischer Truppen in Finnland verzichten. An eine Durchführung der Sommerspiele in London 1944 und natürlich genauso der Winterspiele im italienischen Cortina d'Ampezzo war aufgrund des weiteren Kriegsverlaufes nicht zu denken.

In London 1948 wiederholten sich die Ereignisse nach dem Ersten Weltkrieg anfangs in leicht abgewandelter Form. Das IOC konnte sich wunderbar vor einer Entscheidung über die Teilnahme der Kriegsverlierer Deutschland und Japan drücken, weil es damals in beiden Ländern keine olympischen Organisationen gab. Diese waren von den alliierten Siegermächten des Weltkriegs aufgelöst worden. Prompt verwiesen die Funktionäre des IOC auf formale Gründe, dass man ja nicht selbst eine Entscheidung für den Ausschluss von Kriegsverlierern treffen würde. Ein Ausschluss wäre auch hochnotpeinlich gewesen und hätte das IOC der Lächerlichkeit preisgegeben: Das nationalsozialistische Deutschland durfte schließlich 1936 nicht nur teilnehmen, sondern mit seinem Schreckensregime sogar Veranstalter der Spiele sein. Nun sollte das sich auf dem Weg zur unabhängigen Demokratie befindliche Deutschland – das Grundgesetz als Verfassung trat 1949 in Kraft – nicht teilnehmen dürfen?

Wobei man klarerweise nicht nur in Deutschland sowieso andere Alltagssorgen hatte als ein Olympiaspektakel. Auch London als noch drei Jahre vorher ausgebombte Stadt war von mangelnder Nahrungsversorgung und Wohnungsnot gekennzeichnet. Eine logische Argumentation wäre es gewesen, die Spiele, wenn überhaupt, in einem im Krieg neutralen Land – also etwa im schweizerischen Lausanne – stattfinden zu lassen.

Zudem hätte es ja eine sehr gute Lösung gegeben: Warum wurden nicht symbolisch einige wenige aus Nazideutschland geflüchtete oder – so sie überlebten – im Widerstand tätige Sportler aus Deutschland zu den Spielen eingeladen? Oder wenigstens Sportler ohne ehemalige Parteimitgliedschaft in der NSDAP? Das wollte das IOC offenkundig nicht. Es gab in diesem Komitee einfach viel zu viele Befürworter der faschistoiden Vergangenheit.

Der Kommunismus als neuer Feind und erwachender Sportriese

Olympioniken waren aus Sicht der USA von Anfang an seit 1896 „Amerikas sportliche Missionare“ und dienten als Symbol für die Macht des Sportes in der Gesellschaft. Man tat gar nicht erst so, als ginge es um einen unpolitischen Sport. Dieser wurde als Kräftemessen der Nationen verstanden.

Auf der anderen Seite war der Russe General von Boutowsky eines der Gründungsmitglieder des IOC. Doch trat er bald wieder aus, weil er von Desinteresse in seiner Heimat am Sport schrieb. Auch in den folgenden Jahren gönnten sich in Russland bloß reiche Privatpersonen das Vergnügen einer Olympiateilnahme; als Vertreter Russlands sahen diese sich nicht. Erst 1912 kamen einige Armeeoffiziere als Sportler hinzu.

Nach der Oktoberrevolution gab es genauso eine Periode des Zögerns. Von Lenin finden sich kaum Aussagen zur politischen Bedeutung des Sports, der letztlich paramilitärisch organisiert wurde.

Die neugegründete Sowjetunion erhielt einerseits keine Einladung zu den Olympischen Spielen der Zwischenkriegszeit. Andererseits bemühte man sich gar nicht darum.

Es war Josef Stalin, der 1936 – unter dem verschleiernden Titel eines Allunionsrats für Körpererziehung – ein sowjetisches Sportministerium schuf, das direkt dem Zentralkomitee der Kommunistischen Partei unterstellt war. Doch galten die Olympischen Spiele noch als „bourgeoise" Veranstaltung und wurden abgelehnt. Es hieß: „Die Spiele haben das Ziel, Arbeiter vom Klassenkampf abzuhalten, und sie stattdessen für imperialistische Eroberungen zu trainieren."

Über eine Olympiateilnahme der UdSSR musste das IOC analog zu den Kriegsverlierern 1948 nicht entscheiden, weil die Sowjets keinen diesbezüglichen Antrag stellten und nur Beobachter nach London entsandten. Doch es war klar, dass nach einem Meinungswechsel Stalins in Moskau die Olympiateilnahme nur eine Frage der Zeit war. Kurioserweise war diese sowjetische Trendwende kapitalistisch geprägt: Die Parteizeitung Prawda veröffentlichte auf ihrer Titelseite ein Dekret des Ministerrates, in dem dieser ausgerechnet Geldpreise für Siege und Rekorde im Sport ausschrieb – aus kommunistischer Sicht war das ein ideologischer Bauchfleck. Noch 1948 folgte als klare Absichtserklärung jedoch eine Resolution des Zentralkomitees der KPdSU, in der die Teilnahme am internationalen Sportgeschehen mit besonderer Berücksichtigung des olympischen Sports angestrebt wurde. Da wurde der kapitale kapitalistische Ausrutscher der Prawda korrigiert, und es solle nur um den Ruhm der Medaillen gehen. Natürlich mit Unterstützung aller staatlicher und insbesondere finanzieller Mittel, was später zum Begriff der Staatsamateure aus dem Osten führte.

Die ebenfalls von Kommunisten geführten und unter sowjetischem Einfluss stehenden Olympiakomitees aus Polen, Ungarn und Jugoslawien waren bereits in London 1948 mit Sportlern vertreten. Ab 1956 gab es zusätzlich Moskauer Spartakiaden, die den Olympischen Spielen ähnelten. Sporterfolge sollten ausdrücklich als Beweis einer vermeintlichen Überlegenheit des kommunistischen Gesellschaftssystems dienen.

Wobei umgekehrt auf olympischer Ebene alle Kommunisten als Feinde galten. Das damalige Präsidium des IOC wollte zwar nicht aus politischen Gründen Sportler ausschließen, wünschte aber in den eigenen Reihen ausdrücklich keine Kommunisten. Bei den Londoner Spielen 1948 beschränkte sich dieser Konflikt allerdings auf einzelne Scharmützel. So etwa verwies die britische Regierung einen italienischen Journalisten des Landes, den sie als kommunistischen Saboteur bezeichnete.

Wo es wirklich begann

Zur Sowjetisierung der Spiele kam es 1952 im finnischen Helsinki, was eine besondere Pikanterie darstellte. Denn Finnland war im November 1939 von der UdSSR okkupiert worden. Es folgte der finnisch-sowjetische Winterkrieg. Die Nachkriegsjahre waren dadurch gekennzeichnet, dass sich einerseits Finnland gegen Versuche einer kommunistischen Infiltration wehren musste.

Andererseits schlossen die Finnen 1948 einen Nichtangriffs- und im Grunde Beistandspakt mit der UdSSR. 1950 folgte ein weitreichendes Handelsabkommen. Erst 1961 – nachdem die Kommunisten 1958 in Finnland die stärkste Partei stellten – verzichteten die Sowjets auf die in der Nachkriegszeit vom Generalsekretär der Kommunistischen Partei der Sowjetunion (KpdSU) zunächst selbst vorgeschlagene gemeinsame Verteidigung gegen allfällige Außenfeinde.

Am 20. Juli 1952 wurde Nina Romaschova mit 51,52 Metern im Diskuswerfen die erste sowjetische Olympiasiegerin. Sie leitete damit ein neues Zeitalter ein. Der Kalte Krieg sollte vierzig Jahre lang die Olympischen Spiele beherrschen.

Der herausragendste Sportler dieser Sommerspiele in Helsinki stammte ebenfalls aus einem nach Kriegsende kommunistischen Land: Emil Zátopek aus der Tschechoslowakei gewann innerhalb von rund einer Woche den 5.000-Meter-, den 10.000-Meter- und den Marathonlauf. Ein wohl für ewig unerreichbares Triple. Am Tag von Zátopeks Sieg über 5.000 Meter wurde seine Ehefrau Dana Olympiasiegerin im Speerwerfen.

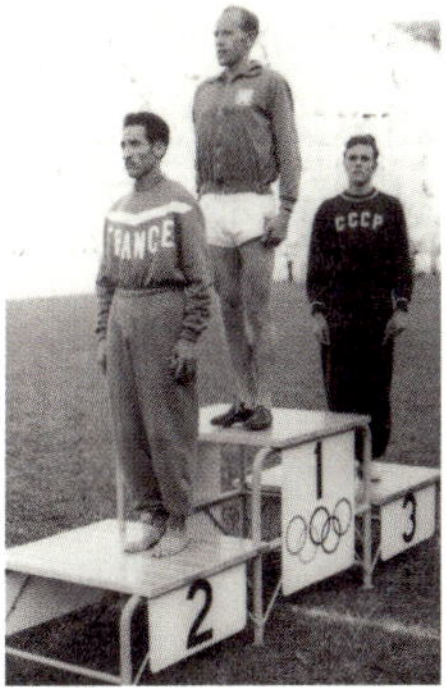

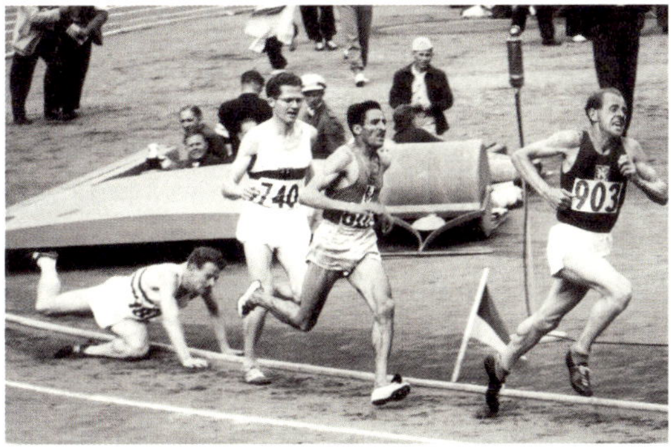

Links: Die Siegerehrung des 10.000-Meter-Laufs der Männer in Helsinki 1952. Gewinner Emil Zátopek aus der Tschechoslowakei, der zweitplatzierte Alain Mimoun aus Frankreich und der drittplatzierte Aleksandr Anufriev aus der UdSSR.

Rechts: Zátopek in der letzten Runde des 5.000-Meter-Laufs in Helsinki, bei dem er seine zweite von drei Goldmedaillen innerhalb einer Woche gewann.

Insgesamt stellte die Sowjetunion 1952 das größte Sportlerkontingent und errang nur fünf Medaillen weniger als die USA. In Otaniemi, dem Ort nahe Helsinki, in dem die sowjetischen Sportler untergebracht waren, wurden die nationalen Erfolge täglich auf einer großen Tafel ausgehängt. Und klarerweise propagandistisch als vermeintliche Weltüberlegenheit abfotografiert sowie von Prawda und Konsorten im ganzen Ostblock verbreitet.

Die USA nahmen die Herausforderung an. Zehnkampfolympiasieger Bob Mathias beschrieb die Stimmung so: „Wir hatten viel mehr Druck als vorher. Die Sowjets waren in gewissem Sinn der wahre Feind. Du hast es geliebt, sie zu schlagen. Du musstest sie schlagen. Es war nicht dasselbe Gefühl, als würde man Sportler aus einem befreundeten Land wie Australien schlagen. Diese Stimmung erfasste das ganze Team. Sogar in Sportarten, in denen die Russen gar nicht antraten oder gut waren."

Völkerverständigung als Treppenwitz

Von Helsinki 1952 bis Seoul 1988 prallten demnach Sportlerinnen und Sportler aus den Supermächten USA und UdSSR sowie aus dem „Westen" und dem Ostblock in olympischen Stellvertreterkriegen aufeinander. Nur die Spiele boten die Möglichkeit, den Antikommunismus bzw. Antiamerikanismus außerhalb des eigenen Einflussbereichs und ohne politische Nachteile oder Risken – man denke an den atomaren „Overkill“ – hemmungslos auszuleben. Das olympische Ideal der Völkerverständigung wurde zum Treppenwitz.

Wie nahe Sportkriege, Kalter Krieg und ein Krieg mit brutaler Gewaltanwendung beieinanderlagen, zeigte sich 1956 als Jahr der Olympischen Sommerspiele im australischen Melbourne. Dort war bereits die wahnwitzige Idee umgesetzt worden, sämtliche Straßen im Olympischen Dorf ausgerechnet nach Kriegsschauplätzen des Zweiten Weltkriegs zu benennen. Erst wenige Tage vor Beginn der Spiele ließ man nach internationalen Protesten diese Straßenschilder wieder abmontieren und durch Schilder mit den Namen berühmter Olympiasieger ersetzen.

Neben der zweiten Teilnahme der Sowjetunion stellte hier die DDR zum ersten Mal Sportler und Sportlerinnen für eine gesamtdeutsche Mannschaft, während die Volksrepublik China eine Teilnahme infolge der Anwesenheit Taiwans verweigerte. Bei den Sportbewerben selbst zählten vor allem gewichtige Prestigeerfolge in der populären Leichtathletik. Der Sowjetrusse Vladimir Kuts gewann 1956 den 5.000-Meter- sowie den 10.000-Meter-Lauf und damit zwei der traditionsreichsten Bewerbe in der Leichtathletik als Königsdisziplin der Spiele.

Sex und Gewalt

Die UdSSR hatte als Parole verlautbart, die beste Sportnation der Welt zu sein. Auf der Sportebene begann eine neue Blütezeit inoffizieller und vom IOC theoretisch verbotener Medaillen- und Punktewertungen. Radio Moskau und Prawda vermeldeten schon 1952 – damals rechnerisch objektiv falsch – die „Weltüberlegenheit“ der Sowjetsportler.

1956 waren die Sowjets dann in der inoffiziellen Nationenwertung erstmals wirklich voran. Allerdings weniger deutlich als erhofft und erwartet. Dafür gab man die Schuld den USA. Vom US-Geheimdienst bezahlte Mata Haris sollen als Sexspioninnen die Sportstars der UdSSR zu sehr abgelenkt haben. Ein sowjetisches Magazin schrieb: „Der amerikanische Geheimdienst hat alles versucht, um sowjetische

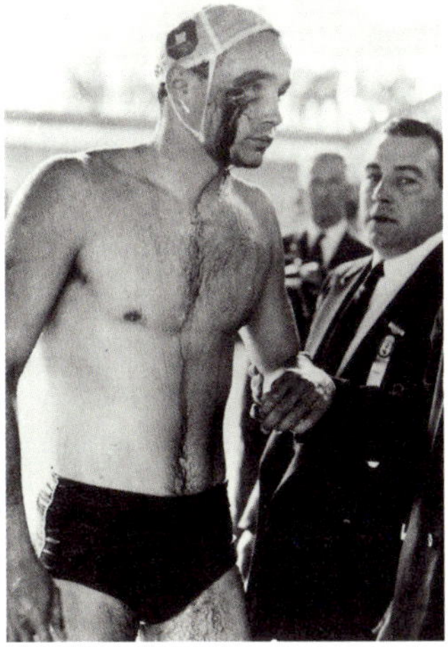

Der ungarische Wasserballspieler Ervin Zádor mit einem blutenden Auge beim Spiel Ungarns gegen die UdSSR bei den Spielen in Melbourne 1956: Ungarn gewann das Spiel mit 4:0, in Erinnerung blieb es aber vor allem aufgrund einer Massenschlägerei zwischen Sportlern, Funktionären und Publikum.

Sportler mit jungen Frauen bekannt zu machen, die ihnen mehr als nachdrücklich eine gute Zeit miteinander vorschlugen."

In Erinnerung blieb der Weltöffentlichkeit aber weniger die Schönheit dieser Frauen als ein Wasserballspiel der Sowjets gegen Ungarn. Die Ungarn gewannen 4:0. Das Spiel endete mit Schlägereien zwischen den Sportlern, Funktionären und Zuschauern. Wer in dieser Prügelei siegte, ist nicht überliefert, die Hintergründe waren jedoch glasklar. Die Olympischen Spiele waren mehr Ersatzkrieg als Waffenstillstand. Nachdem es in diesem Jahr in Ungarn zu einem Volksaufstand gegen die kommunistische Regierung gekommen war, trat das Land aus dem kommunistischen Militärbündnis des Warschauer Paktes aus. Doch sowjetische Panzer walzten diesen Aufstand nieder, und Truppen der Roten Armee stützten den neuen Regierungschef Janos Kadar, der die Aufständischen von Sondergerichten aburteilen ließ.

Aus Solidarität mit Ungarn boykottierten die Niederlande, Spanien und die Schweiz die Spiele, obwohl oder gerade weil ja eine von regimetreuen kommunistischen Sportfunktionären nominierte Athletenriege aus Ungarn in Melbourne vertreten war. Genau genommen wollten die Schweizer ihre Boykotterklärung wieder zurückziehen, waren dabei aber keineswegs präzise wie ein Uhrwerk, sondern zu spät dran. Viele ungarische Sportler kehrten übrigens nach den Spielen in Melbourne nicht in ihre Heimat zurück.

Die Boykottdiskussionen im Vorfeld waren massiv durch den Kalten Krieg zwischen West und Ost geprägt: Wären Sportlerinnen und Sportler aus der Bundesrepublik aufgrund von Bedenken eines gemeinsamen Starts den Spielen ferngeblieben, so hätte die gesamtdeutsche Mannschaft ausschließlich aus Athleten der DDR bestanden. Was vermutlich ebenfalls nur die zweitbeste Idee gewesen wäre.

Sportsiege als nationale Triumphe

Amerikanische Medien reagierten mit inflationären und zum Teil mathematisch kreativen Medaillenspiegeln. Wenn diese wie beispielsweise in Mexico City für das eigene Land vorteilhaft waren, ignorierte man den groben Schönheitsfehler der Black-Power-Proteste siegreicher Afroamerikaner. Dafür ließ man in den USA solche Tabellen der Zahl gewonnener Medaillen durch Selbstzensur verschwinden, wenn sie beispielsweise nach der ersten Olympiawoche in Seoul ein allzu rot-rotes Bild sowjetischer und ostdeutscher Siege boten.

Zur sowjetischen Dominanz waren ja seit 1956 – bis 1964 formal in einer gesamtdeutschen Mannschaft – Siege der DDR hinzugekommen. 1964 in Tokio gewannen freilich noch die US-Amerikaner in der formal inexistenten Nationenwertung und proklamierten das als Niederlage des Staatssportes im Osten. Die eigenen Siege erschienen hingegen trotzdem zu wenig.

Robert F. Kennedy, Bruder des ermordeten Präsidenten der USA und bis zu seiner eigenen Ermordung auch allgemein erwarteter Präsidentschaftskandidat, hatte 1964 der nationalen Enttäuschung Ausdruck gegeben: „Teil des Nationalstolzes ist es, im Kalten Krieg, bei den Olympischen Spielen zu gewinnen. Die dortige Erfolgsbilanz kann jeder in der Welt sehen. Und als Beweis für den Niedergang unserer einst allgemein anerkannten nationalen Kraft vermerken."

Auf der Gegenseite rügte Leonid Breschnew als Partei- und Regierungschef das vergleichsweise schlechtere Abschneiden bei den Olympischen Spielen 1968 hochoffiziell als ungenügend und forderte sportliche

Verbesserungen. Als Valeriy Borzov 1972 in München in den prestigeträchtigen Läufen über 100 und 200 Meter siegte und die UdSSR im Basketball-Finale die USA als Gewinner aller bisherigen Olympiaturniere entthronte, verhinderte nur der gleichzeitige Terroranschlag den totalen Propagandatriumph.

Was Borzov die Sache gewaltig erleichterte und für die USA besonders peinlich war: Zwei amerikanische Sprinter hatten ihren Vorlauf verschlafen oder die Zeitumstellung nicht kapiert. Das „Nicht angetreten" auf den Anzeigetafeln stand für so etwas wie: „Sie haben den Bus versäumt!"

Im Basketball wiederum hatten die USA überhaupt noch nie in der Geschichte ein olympisches Finale verloren. Bis es bei der vermeintlichen Schlusssirene 49:48 für die Amerikaner stand. Die Sowjets argumentierten, es wären noch drei Sekunden zu spielen. Und sie bekamen vom Schiedsrichter recht. Während die US-amerikanischen Sportler gegen die Verlängerung der Spielzeit protestierten, ergriff ein gewisser Herr Belov einfach den Ball. Er traf siegbringend den Korb und löste damit in den USA eine nationale Tragödie aus.

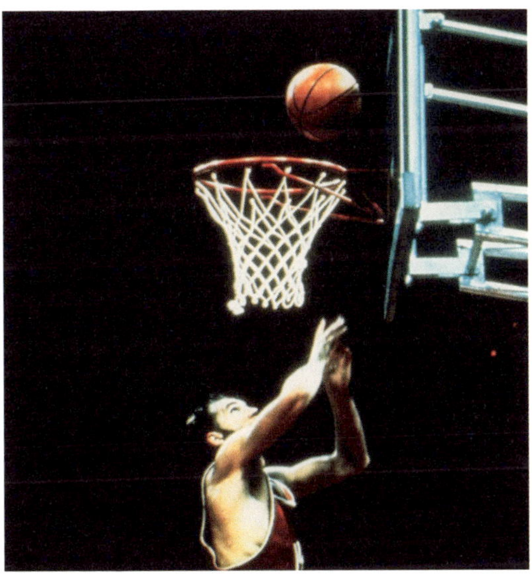

Der sowjetische Basketballspieler Alexander Belov beim entscheidenden Korb im Finale der Spiele 1972 in München gegen die USA: Zum ersten Mal gingen die US-Amerikaner nicht als Olympiasieger im Basketball aus den Spielen hervor.

Kein schöner Frühling in Prag

1968 gewannen sowjetische Sportlerinnen und Sportler relativ wenig. Zugleich waren die Spiele durch den Einmarsch von Truppen der UdSSR und des Warschauer Paktes in die Tschechoslowakei überschattet. Doch weder das noch der Krieg der USA in Vietnam lösten in der Olympischen Bewegung eine Reaktion aus. Man sah beides locker als Militäreinsätze, weil ja keine hochoffizielle Kriegserklärung vorlag. Das stimmte, doch was, bitte, ist ein Krieg, wenn aus Sicht des IOC nicht einmal der Vietnamkrieg ein solcher war?

Als Emil Zátopek, der Dreifacholympiasieger im Langstreckenlauf, eine Nichtteilnahme der tschechischen und slowakischen Sportler bei den Olympischen Spielen in Mexico City befürwortete, verlor er sofort seine Stellung. Oder Stellungen: in der Armee, in der Kommunistischen Partei und als Präsident des Nationalen Olympischen Komitees seiner Heimat. Die einzige Konsequenz des IOC auf das blutige Ende des Prager Frühlings war dürftig: Man sorgte dafür, dass aus dem gemeinsamen Speisesaal für Sowjets und Ostdeutsche sowie Tschechen und Slowaken getrennte Räume wurden. Na bravo. Mehr dürfte die UdSSR geschmerzt haben, dass die Tschechin Věra Čáslavská im Turnen als vermeintlicher Domäne sowjetischer Sportlerinnen sechs von sechs möglichen Medaillen gewann: viermal Gold und zweimal Silber. Čáslavská hatte früher im Jahr das gegen das tschechoslowakische Regime gerichtete und sogenannte Irrtümer des Sozialismus – gemeint war der Kommunismus – aufzählende „Manifest der 2000 Worte" unterschrieben. Deshalb musste sie nach dem Truppeneinmarsch der Sowjetunion und des Warschauer Paktes zunächst untertauchen. Sie soll heimlich im Wald für die Olympischen Spiele trainiert haben.

Nach den Spielen durfte Čáslavská das Land jahrelang nicht mehr verlassen, weil sie ihre Unterschrift nicht widerrufen hatte. Eine angemessene Anstellung fand sie genauso wenig. Ihr wurden als Vielfacholympiasiegerin auch keine Ehrungen zuteil, sondern sie war in ihrer Heimat eine für das gesellschaftliche Leben und in der Medien-

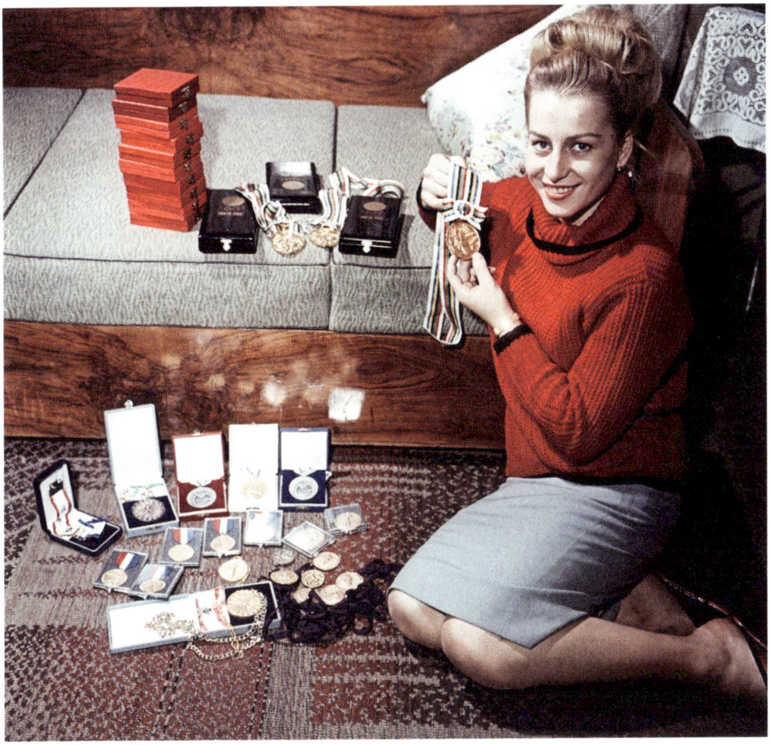

Die siebenfache Olympiasiegerin im Kunstturnen, Věra Čáslavská, mit ihren Medaillen in Prag.

öffentlichkeit unerwünschte Person. Erst 1979 durfte sie nach Mexiko als das Land ihrer Goldtriumphe ausreisen, wo sie als Trainerin arbeitete.

Sie kehrte zurück, als ihr von den Kommunisten eingesperrter Bruder in der Haft im Alter von dreiunddreißig Jahren starb. Erst nach Ende des Kommunismus in der Tschechoslowakei 1989 wurde Čáslavská rehabilitiert. Von 1990 bis 1992 war sie Beraterin des neuen demokratischen Präsidenten, früheren Schriftstellers und Dissidenten Václav Havel.

Sonst blieb lange Zeit nur das winterliche Eishockey, wo bis zum Zerfall der Tschechoslowakei jeder Sieg gegen die fast immer favorisierten Sowjets ein Impuls für politische Demonstrationen der regimekritischen Bevölkerung in Tschechien und der Slowakei war.

Der eiskalte Kriegshöhepunkt nach dem Einmarsch in Afghanistan

Im Vergleich zu den olympischen Höhepunkten des Kalten Krieges der Supermächte danach waren die Olympischen Spiele 1972 in München natürlich vom palästinensischen Terroranschlag und 1976 in Montreal vom Boykott der Afrikaner überschattet. Doch hatte sich die Stimmungslage des radikalen Gegeneinanders nicht geändert.

Als in Montreal der US-Olympiasieger im Diskuswerfen – jener Olympiasportart, die als besonders klassisch gilt – Maurice Mac Wilkins den zweitplatzierten Ostdeutschen Wolfgang Schmidt und nicht seinen Landsmann John Powell als Dritten umarmte, war die Öffentlichkeit empört. Medien in den USA bezeichneten Wilkins' Handlungsweise als glatten Verrat. Nun ja.

Nach vielen Scharmützeln, von der beschriebenen Unterstellung, der US-Geheimdienst würde Sexspioninnen zur Ablenkung und Erschöpfung sowjetischer Sportstars aussenden, bis zu Kleinkriegen bei der Visavergabe für Sportmannschaften, erreichte der Kalte Krieg nach dem Einmarsch sowjetischer Truppen in Afghanistan am Weihnachtstag 1979 seine olympische Klimax. Denn die Olympischen Spiele 1980 waren an die sowjetische Hauptstadt Moskau vergeben worden. Übrigens aus einer Sitzung des IOC in Wien als Teil des neutralen Österreichs.

Die Verletzung der Grundrechte sowjetischer Dissidenten hatte bereits vor dem sowjetischen Einmarsch in Afghanistan eine amerikanische Boykottdiskussion der Moskauer Spiele 1980 ausgelöst, doch wurde diese von staatlicher Seite nicht unterstützt. Wen interessierte schon die Inhaftierung, Verurteilung und Verbannung politisch Andersdenkender, die in den USA breite Teile der Bevölkerung nicht einmal namentlich kannten? Wen kümmerte es, dass darunter – neben dem Schriftsteller Alexander Ginzburg, dem einstigen T34-Panzerkonstrukteur Yuri Orlov und dem nach seiner Auswanderung späteren Politiker Israels Natan Sharansky – mit dem Physiker Andrei Sakharov ein Friedensnobelpreisträger war? Wie wichtig waren der Olympischen Bewegung die Menschrechte? Gar nicht, es kümmerte niemanden.

Nach der von den Sowjets zynisch als Nachbarschaftshilfe bezeichneten Besetzung Afghanistans stieg aber der öffentliche Druck auf die Regierung der USA. Im Unterschied zu Berlin 1936 war nach Umfragen eine klare Mehrheit der amerikanischen Bevölkerung von bis zu 75 Prozent gegen eine Teilnahme an den Moskauer Spielen. Präsident Jimmy Carter, sein Außenminister Cyrus Vance und beide Häuser des Kongresses verabschiedeten Ultimaten für einen Rückzug der UdSSR aus Afghanistan, um anderenfalls die Olympischen Spiele zu boykottieren.

Weil weder das Einlenken der Sowjets noch eine Absage oder Verlegung der Spiele durch das IOC realistisch waren – dieses hatte ja nicht einmal für Hitlers Propagandaspiele in Berlin einen Ausschließungsgrund gesehen und versprach nur zwei Wochen nach dem Einmarsch in Afghanistan eine plangemäße Durchführung der Spiele in Moskau –, ging es den USA um eine Maximierung der Zahl der boykottierenden Länder. Darüber, dass es sich formal um unabhängige Entscheidungen der nationalen Olympiakomitees für oder gegen eine Teilnahme handeln musste, lachten die Hühner. Im April 1980 fiel in den USA die Entscheidung zum Boykott der Olympischen Spiele. Mit der Begründung, dass die eigene nationale Sicherheit gefährdet sei. Obwohl die Entfernung zwischen Washington, D.C. und Kabul 11.141 Kilometer Luftlinie betrug. 36 Länder, oder genauer gesagt deren Nationale Olympische Komitees, schlossen sich den USA an.

Die Idee der ursprünglich von Präsident Carter geforderten „Gegenspiele“ musste wieder verworfen werden, weil man reichlich spät draufkam, dass Name und Termin solcher Spiele vom IOC urheberrechtlich geschützt waren. Man hätte sich also damit für immer und ewig ins olympische Abseits gestellt und wäre mit milliardenschweren Urheberrechtsklagen konfrontiert gewesen.

24 weitere Staaten – darunter die Volksrepublik China – ließen die Einladung aus anderen Gründen unbeantwortet. Drei Länder stellten letztlich einfach keine Sportlerinnen oder Sportler. 81 der zu diesem Zeitpunkt 144 vom IOC anerkannten Komitees nahmen die Einladung an. Neben den USA fehlten insbesondere auch die Bundesrepublik Deutschland, Kanada und Japan, mächtige Verbündete der USA wie Großbritannien und Frankreich waren allerdings vertreten.

Dadurch verpasste übrigens der Deutsche Willi Daume 1980 die Chance, Präsident des IOC zu werden. Nicht, weil er ein Ex-Nazi, also früheres Mitglied der NSDAP, und auch später durch latent rassistische Aussagen verhaltensauffällig war, sondern durch das Fehlen der Deutschen. Daume unterlag in der Abstimmung in Moskau dem ebenfalls profaschistischen Spanier Juan Antonio Samaranch.

Österreichische Kuriosa

Österreich verzichtete auf einen Boykott und überhaupt auf einen nennenswerten Protest. Obwohl Belgien, Frankreich, Italien, Luxemburg, die Niederlande, Puerto Rico, San Marino und die gleichermaßen neutrale Schweiz trotz Teilnahme die Schlussfeier boykottierten und andere Länder auf ihre Landesfahnen verzichteten. Österreich tat gar nichts.

Außer seinen einzigen Olympiasieg durch die Dressurreiterin Elisabeth Theurer zu feiern, der dadurch zustande kam, dass hochfavorisierte deutsche Reiterinnen und Reiter fehlten. Und obwohl in Österreich die überwältigende Mehrheit vom Dressurreiten null Komma null Ahnung hatte.

Genauso gefeiert wurden die Plätze vier und fünf von Georg Werthner und Sepp Zeilbauer im Zehnkampf. Wobei sich die heimischen Fernsehreporter vor Begeisterung überschlugen, dass Werthner am Ende gleich zweimal vorne war. Der Sieger. Er hatte gewonnen. Den neunten und zehnten Bewerb von zehn, das Speerwerfen und den 1.500-Meter-Lauf. Den Menschen vor den Bildschirmen wurde nicht weiter erklärt, dass die Medaillen im Zehnkampf aber nach einem Punktesystem vergeben werden.

Ach ja, Österreich tat trotzdem etwas: Das kleine Land sorgte dafür, dass ein Sportler aus den USA in Moskau vertreten war. William Rea, ein Zahnarzt aus Pittsburgh und zugleich Weitspringer, hatte sich angesichts der zu erwartenden Boykottentscheidung seiner Großeltern in Sulz im Wienerwald erinnert. Rae mit seiner Bestleitung von 8,10 Meter fehlte die österreichische Staatsbürgerschaft, Österreich fehlte ein Achtmeterspringer – also arrangierte man sich. In Moskau konnte Rea das Finale erreichen, blieb dort aber unplatziert. In Österreich ist er, soweit bekannt, nie wieder gewesen.

Retourkutsche 1984 in Los Angeles

Vier Jahre später stellte sich die Frage, ob die UdSSR in Los Angeles die Chance für eine Retourkutsche ergreifen oder der Verlockung sportlicher Triumphe im Land des Erzfeindes erliegen würden. Der Kalte Krieg hatte sich jedenfalls durch den NATO-Doppelbeschluss neuerlich verschärft – nach ergebnislosen Abrüstungsverhandlungen in Genf wurden in Europa weitere Pershing-II-Atomraketen stationiert.

Als 1983 ein Zivilflugzeug vom Typ Boeing 747 der südkoreanischen Fluggesellschaft KAL über der Halbinsel Sachalin durch eine sowjetische Kampfmaschine abgeschossen wurde und 269 Passagiere den Tod fanden, sprach der amerikanische Präsident Ronald Reagan von einem Terrorakt durch die UdSSR. Ein zweiter kriegerischer Konfliktfall war gegeben, als 1983 – nach einem Putsch linksgerichteter Militäroffiziere und der Ermordung des Staatsoberhaupts Bishop – Truppen der USA auf der Insel Grenada landeten.

Der Ostblock forderte umgehend deren Rückzug. Sowjetische Ruderer und Kanuten fehlten bei den vorolympischen Bewerben 1983, die Turner der UdSSR sagten als beste der Welt ihre Teilnahme am „America Cup" ab. Wobei der Hinweis auf die schwierigen Einreisebestimmungen in den USA berechtigt war und zugleich übertrieben dargestellt wurde. Tatsächlich war sogar der sowjetische Olympiaattaché Oleg Yermishkin aus den USA ausgewiesen worden. Die Begründung, es hätte sich um einen hochrangigen Agenten des KGB gehandelt, muss trotzdem nicht falsch gewesen sein, das war sehr wahrscheinlich.

„Skalpiert die Rothäute!"

Parallel dazu stieg die antisowjetische Stimmung in den USA. Es hieß „Schlagt die Russen, skalpiert die Rothäute!". Rechte amerikanische Nationalisten verknüpften so einfach die Ablehnung der kommunistischen „Roten" mit eigenen Vorurteilen. Der oberste Sicherheitsbeauftragte in Los Angeles warnte, dass infolge politischer Abneigung und aus Kostengründen ausreichende Maßnahmen zum Schutz sowjetischer Sportler gescheut würden, und wurde prompt entlassen. Der kalifornische Kongress verabschiedete sogar zwischenzeitlich eine Resolution, um Sportlerinnen und

Sportlern aus der UdSSR die Einreise in die USA und dadurch eine Olympiateilnahme zu untersagen.

Zugleich brauchten die US-amerikanischen Veranstalter allerdings die Sowjetunion irgendwie als Feindbild, egal ob als sportlicher Lieblingsgegner oder übler Boykotteur. Denn in Los Angeles war ursprünglich nur rund ein Drittel der Bevölkerung für das sündteure Megaspektakel der Olympischen Spiele gewesen. Erst als Gouverneur und Bürgermeister versprachen, dass die Spiele durch Sponsorengelder statt Steuergelder finanziert würden, drehte sich die öffentliche Meinung. Dabei spielten überbordender Patriotismus und gegen die UdSSR gerichteter Nationalismus eine ebenso gewichtige Rolle.

Am 8. Mai 1984, fünfundzwanzig Tage vor dem Anmeldeschluss, verkündete die Nachrichtenagentur TASS die Entscheidung der UdSSR, nicht an den Olympischen Spielen in Los Angeles teilzunehmen. 19 Nationen und Nationale Olympische Komitees, mit Ausnahme Rumäniens der geschlossene Ostblock, erklärten ebenfalls ihren Teilnahmeverzicht, hinzu kamen als Boykotteure Albanien, der Iran, Libyen und Obervolta. Wobei das spätere Burkina Faso in den USA sicher kaum jemand kannte.

Umgekehrt kam den USA zugute, dass erstmals seit 1956 die Volksrepublik China wieder bei den Olympischen Sommerspielen vertreten war. Das IOC hatte das rotchinesische, also die gesamte Volksrepublik umfassende, Nationale Olympische Komitee anerkannt, im Gegenzug verlangten die Chinesen nicht mehr den Totalausschluss Taiwans. Auf nationaler Ebene schlachteten die USA sowieso jeden Sporterfolg durch das Fehlen des Ostblocks aus.

Der Fast-Food-Kette McDonalds kam dabei eine wohl bereits vor dem Boykottbeschluss getroffene Entscheidung zugute. Man hatte ein Rubbelspiel eingeplant, das für jeden Sportbewerb mit einer Goldmedaille der USA einen Gratis-Big-Mac ausgab, Silber bedeutete kostenlose Pommes Frites, Bronze eine Cola. Niemand hatte vorher mit 174 amerikanischen Medaillen gerechnet. Es war ein Fressen, das gesundheitspolitisch – Stichwort gesunde Ernährung – ein Grauen war. Werbetechnisch und nationalpolitisch war die Sache ein Megaerfolg, für McDonalds und die USA.

Politischer Misserfolg von Boykott und Gegenboykott

Der Boykottbeschluss des Ostblocks vor den Olympischen Sommerspielen 1984 war unwiderruflich, Umstimmungsversuche verliefen sehr halbherzig. Auch die prompte Zusage Rumäniens, mit dem Diktator Nicolae Ceauşescu an der Spitze, und Jugoslawiens – dieses hatte als Verfechter eines „Dritten Weges“ zwischen Ost und West auch 1980 die Moskauer Spiele boykottiert – war demonstrativ, um zwecks Imagepolitur gegen den eigenen kommunistischen Strom zu schwimmen. Für Ceauşescu ging die Sache auf.

Die rumänische Turnerin Ecaterina Szabó wurde mit vier Goldmedaillen und einmal Silber zur erfolgreichsten Sportlerin der Spiele 1984. Noch vor dem amerikanischen Superstar Carl Lewis, der im 100-Meter- und 200-Meter-Lauf sowie mit der Sprintstaffel siegte. Das machte ihn zum Nationalhelden. So wie es vier Jahre davor in Moskau der sowjetische Turner Alexander Dityatin mit seinen acht Medaillen – dreimal Gold, viermal Silber und einmal Bronze – gewesen war.

Ob die sowjetische Boykottentscheidung eine Retourkutsche oder Resultat kurzfristiger Entwicklungen war, wurde niemals geklärt. Wahrscheinlicher als eine statische Theorie mit einer Boykottentscheidung schon 1980 ist ein dynamischer Theorieansatz, dass – vielleicht nach einem Machtkampf in der sowjetischen Führung, den Michail Gorbatschow 1983 noch gegen alt-kommunistische „Hardliner“ verlor – die Entwicklung des Kalten Krieges 1983/84 zum Boykott führte.

Nur ein Vorwand war die antisowjetische Stimmung in den USA auch nicht. Es kam seitens der obskuren „Ban the Soviets“-Organisation zu Drohungen: „Wenn die sowjetischen Athleten nicht freiwillig auf die Einreise verzichten, kann das Gewaltakte zur Folge haben.“ Parallel dazu trafen bei den Nationalen Olympischen Komitees der Volksrepublik China, Malaysias, Singapurs, Südkoreas und Zimbabwes widerlichste Schreiben des Ku-Klux-Klans ein: „Wir haben die Sowjets aus den Spielen gezwungen, wir werden es den Affen nicht erlauben, dabei zu sein.“

Sportlich kam, was kommen musste: 1980 in Moskau siegten sowjetische Sportlerinnen und Sportler in 80 Bewerben und errangen insgesamt 195 Medaillen. 1984 in Los Angeles gewannen die USA

174 Medaillen, 83 davon aus Gold. Politisch waren Boykott und Gegenboykott letztlich ein Misserfolg, weil der Nationalismus auf beiden Seiten gestärkt wurde.

In der Los Angeles Times war zu lesen: „Seht die schöne Seite der Sache: Wenn die Sowjets nicht kommen, werden die USA leicht gewinnen. Wir werden im Kajak gewinnen, im Fechten und im Handball, was immer das alles sein mag. Wir werden so viele Medaillen gewinnen, dass es ein Spaß ist. Ich weiß, ich weiß, es ist nicht das Gleiche, wenn wir Costa Rica im Basketball-Finale 120:10 schlagen. Es würde mehr bedeuten, wenn wir die Russen schlagen. Es ist nicht dasselbe, wenn unsere Schwimmerinnen die Türkinnen im Schmetterling schlagen, wie wenn sie die Ostdeutschen schlagen. Und die Mannschaft des Tschad im Wasserball zu schlagen, ist sicher nicht das Gleiche, wie wenn wir die Ungarn bezwingen. Aber solange Medaillen vergeben werden, soll es uns egal sein. Das Leben ist zu kurz, als dass wir noch große Anstrengungen machen sollten, zu erklären, wen wir auf der Radrennbahn geschlagen haben."

Das größte Paradoxon zur völligen Pervertierung der olympischen Idee lieferte übrigens Nicaragua: 1980 boykottierte man die Moskauer Spiele als US-Verbündeter, 1984 reiste man aus Solidarität zur UdSSR nicht nach Los Angeles.

Das Ende

Erst nach der Wahl Michail Gorbatschows zum Generalsekretär der KPdSU im März 1985 und mit seinen Programmen der Umgestaltung und Offenheit – Perestrojka und Glasnost – neigte sich auch der Kalte Krieg auf olympischer Ebene seinem Ende zu. Die „Goodwill Games" als Spiele des guten Willens 1986 in Moskau waren das stärkste Symbol dafür.

Teilnehmer war auch Carl Lewis, mit seinen vier Goldmedaillen in Los Angeles der legitime Nachfolger von Jesse Owens. Während der darauffolgenden Goodwill Games 1990 im US-amerikanischen Seattle überschlugen sich freilich bereits die Umsturzereignisse in allen Ländern des Ostblocks; die Union der Sozialistischen Sowjetrepubliken sollte zerfallen.

Bereits die Olympischen Sommerspiele 1988 in Seoul standen unter dem Eindruck der Entspannungspolitik. Zwar belegten die USA hinter der Sowjetunion und der DDR lediglich den dritten Platz und fühlten sich in ihrem Nationalstolz tief getroffen; nicht einmal Florence Griffith-Joyner als mutmaßlich gedopte Leichtathletin des Jahres und Dreifacholympiasiegerin im 100-Meter- und 200-Meter-Lauf sowie mit der Sprintstaffel konnte darüber hinwegtäuschen.

Doch wies der Kalte Krieg im Sport nicht mehr die Eskalationsgefahr auf, zu einem heißen Krieg zu werden. Stattdessen ging es einerseits um massive Wirtschaftsinteressen. Korruption bei der Vergabe der Spiele an Südkorea war ein Dauerthema, wobei das Land unbestritten eine Demokratieentwicklung aufwies. Andererseits wurden die Spiele von einem sportlichen Dopingereignis überschattet. Ben Johnson aus Kanada gewann den 100-Meter-Lauf der Männer – und sah sehr männlich aus. Im Vergleich zu älteren Fotos von ihm war aus einem trainierten Bübchen ein Megamuskelprotz geworden. Seine positive Dopingprobe erklärte, wie es dazu gekommen war. Doch das ist eine andere Geschichte. Fortsetzung folgt.

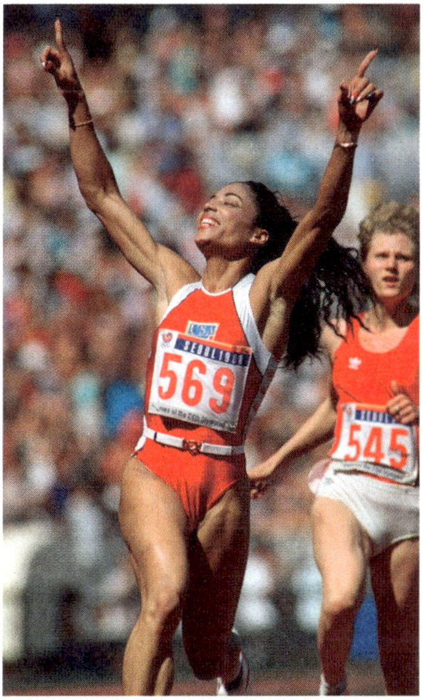

Florence Griffith-Joyner nach ihrem Sieg im 100-Meter-Lauf bei den Spielen in Seoul 1988.

KAPITEL 5

Gegen den Rassismus 1968 und der Terror von München 1972

Die Olympischen Spiele als Ersatzkriegsschauplatz der Supermächte und ihrer militärischen und ideologischen Blöcke dürfen nicht darüber hinwegtäuschen, dass die angeblich ach so unpolitischen Spiele viele Dinge aufzuarbeiten hatten. Zum Beispiel die eigene zutiefst rassistische Vergangenheit. Welcher man sich nie stellte, sondern nur sehr mühsam Besserung gelobte und halbherzig vollzog. Mit einer Reformbereitschaft, die dem Tempo einer Weinbergschnecke glich. Unter über 4.000 olympischen Leichtathletinnen und -athleten von 1912 bis 1952 sollen nur 64 Schwarze Menschen – fast ausschließlich aus den USA – gewesen sein.

Nach Jesse Owens 1936 standen vor allem bei den Olympischen Sommerspielen 1960 afroamerikanische Sportstars im Mittelpunkt: Die in ihrer Jugend an Kinderlähmung erkrankte Sprinterin Wilma Rudolph gewann drei Goldmedaillen. Der später zum islamischen Muhammad Ali konvertierte Cassius Clay wurde mit achtzehn Jahren Olympiasieger im Boxen; seine Goldmedaille warf er nachher in den Ohio-Fluss, weil er gegen die Rassendiskriminierung in den USA protestieren wollte. Der Äthiopier Abebe Bikila gewann als erster Schwarzer Mensch einer afrikanischen Nation eine olympische Goldmedaille. Er lief ausgerechnet in Italien, das sein Heimatland im Zweiten Weltkrieg besetzt hatte, als Sieger des Marathonlaufes durch den Triumphbogen des Kaisers Konstantin in Rom – barfuß. Inzwischen sind Marathonseriensiege der Afrikaner eine Selbstverständlichkeit. Eliud Kipchoge aus Kenia hat 2016 und 2021 den Marathon gewonnen – das jedoch mit Carbonschuhen der neuesten Tech-

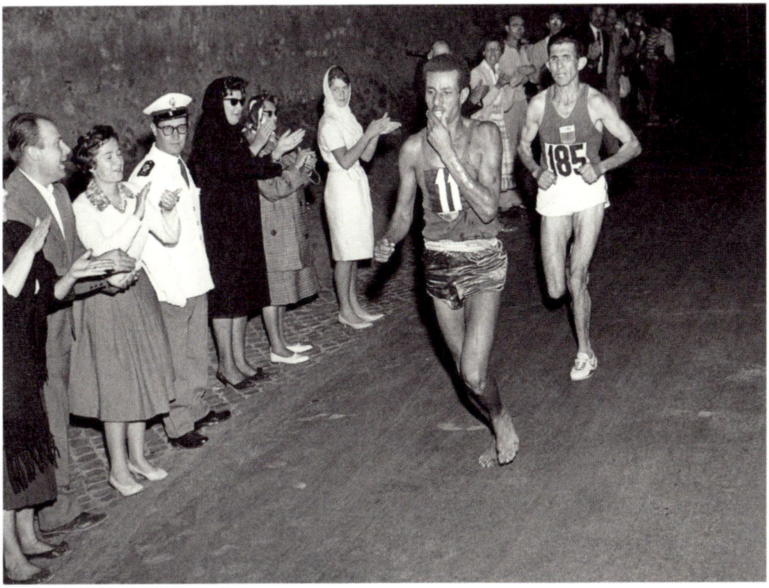

Als erster Schwarzer Mensch einer afrikanischen Nation gewann der Äthiopier Abebe Bikila eine olympische Goldmedaille. Beim Sieg im Marathonlauf bei den Spielen in Rom 1960 lief er barfuß.

nologie an den Füßen, die einen über 42 Kilometer mehrere Minuten schneller machen.

Apropos 1960: Damals war Südafrika zunächst von den Spielen ausgeschlossen und dann trotz des rassistischen Apartheidregimes wieder eingeladen worden – zum letzten Mal für etwa dreißig Jahre.

Black Power

Rassendiskriminierung wurde erst acht Jahre später in Mexico City zu einem Hauptthema: Da war die Frustration der afroamerikanischen Bevölkerung der USA als unterprivilegierte und diskriminierte Gruppe so groß geworden, dass sich eine Boykottbewegung bildete. Prominente Vertreter waren Sprinterstar Tommie Smith und aus Solidarität der Noch-Weitsprungweltrekordler Ralph Boston. Letztlich entschied man sich aber für alternative Protestmaßnahmen wie einen Boykott der Siegerehrungen, das Tragen schwarzer Armbinden oder die Demonstration des Grußes der Black-Power-Bewegung. Genau so, mit erhobener Faust in schwarzen Handschuhen protestierten Sieger Smith

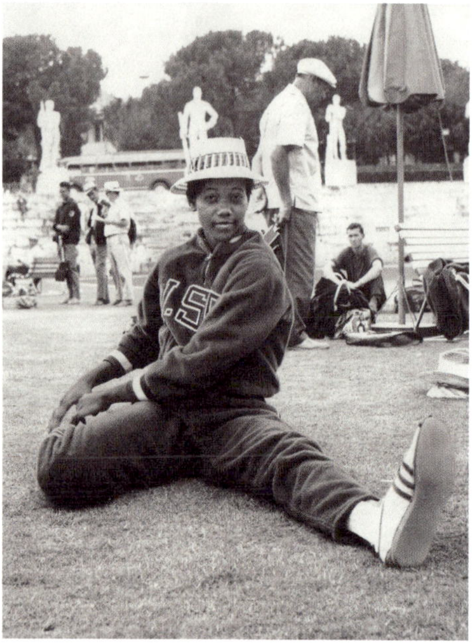

Die US-amerikanische Sprinterin Wilma Rudolph bei Aufwärmübungen vor einem Wettkampf bei den Spielen in Rom 1960, wo sie dreimal Gold gewann.

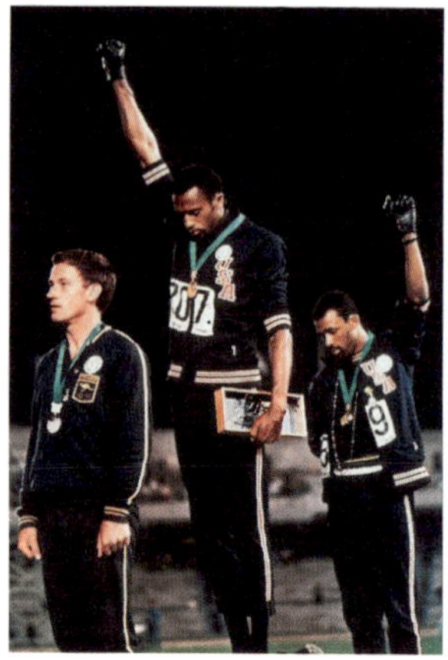

Schwarzer Handschuh, erhobene Faust: der Protest des Siegers im 200-Meter-Lauf, Tommie Smith, und des Drittplatzierten, John Carlos, bei den Spielen 1968 in Mexico City.

und der drittplatzierte John Carlos bei der Medaillenzeremonie für den 200-Meter-Lauf, während die Nationalhymne der USA gespielt wurde.

Carlos' Beschreibung der amerikanischen Rassendiskriminierung war anschaulich: „Wir gelten so viel wie ein Arbeitstier. Wenn ich's gut mache, werde ich gestreichelt und mit Erdnüssen gefüttert, und sie sagen Boy zu mir. Ich habe es satt!" Die Olympischen Spiele empfand Carlos nicht als Wettstreit von Sportlern, sondern als Bewerb von Nation gegen Nation und Ideologie gegen Ideologie, wobei die Offiziellen allesamt politische Ambitionen und Interessen verfolgten. Der Mann hatte so was von recht.

Auf die Frage, ob man als amerikanischer Sportler denn nicht den USA einiges zu verdanken habe, antwortete Tommie Smith mit einer Gegenfrage: „Zu verdanken? Vielleicht, dass man uns dort Nigger schimpft?" Muhammad Ali verweigerte den Kriegsdienst in Vietnam mit den Worten, dass kein Vietkong ihn jemals Nigger genannt hätte, während ihm das in seinem Heimatland laufend passieren würde.

Smith und Carlos wurden prompt von der US-Teamführung aus der Mannschaft ausgeschlossen und vom IOC des Olympischen Dorfes verwiesen, ihre Medaillen wurden ihnen weggenommen. Was weniger bekannt ist: 1972 wurden Sieger und Zweiplatzierter des 400-Meter-Laufes – Vincent E. Matthews und Wayne C. Collett – ebenfalls sofort ausgeschlossen, nachdem sie den Protest von Smith und Carlos vier Jahre zuvor wiederholten.

Als Bob Beamon den olympischen Weitsprungbewerb 1968 mit sensationellen 8,90 Metern gewann, trug er bei der Siegerehrung schwarze Kniestrümpfe und der drittplatzierte Ralph Boston kam barfuß. Das IOC bemühte sich nun – womöglich nach einem Strategiewechsel –, das zu übersehen und Gras über die Sache wachsen zu lassen. Was gelang.

Als die Läufer der USA-Staffel über viermal 400 Meter ihre Goldmedaillen mit schwarzem Trauerflor und schwarzen Baskenmützen abholten sowie die Sprintstaffel der Frauen ihren Sieg den ausgeschlossenen Smith und Carlos widmeten, wurde darüber medial kaum berichtet. Das Olympische Komitee der USA erwähnte in seinem offiziellen Bericht keinen einzigen Protest. Man tat einfach so, als hätte es die Sportler Smith und Carlos nie gegeben.

Dennoch waren die Sommerspiele in Mexico City der Auftakt einer neuen Form politischer Aspekte: Bisher hatten stets Staaten oder Staatengruppen sowie deren Regierung versucht, zu politischen Nutznießern der Spiele zu werden. Nun versuchte erstmals eine gesellschaftliche Bewegung, die Spiele für ihre Kritik am eigenen Staat, dessen Regierung und dessen Politik zu nutzen.

Der Boykottfall Südafrika

In Montreal 1976 nahmen fast alle afrikanischen Staaten nicht an den Olympischen Spielen teil. Was war passiert? Grund war das Verhalten Neuseelands, dessen Sportorganisationen ungeachtet aller Resolutionen der UNO und auch des IOC sowie mit wohlwollender Unterstützung der eigenen Regierung mit Südafrika und dessen Apartheidpolitik intensive Beziehungen pflegten. Ausgerechnet während der Spiele in Montreal befand sich die Nationalmannschaft Neuseelands im Rugby

– das übrigens sowohl früher als auch heute wieder olympisch war und ist – auf Südafrikatournee.

Rugby mag aus mitteleuropäischer Sicht nach einer Randsportart aussehen, doch sind diese beiden Länder, der damalige Gastgeber Südafrika und sein Gast Neuseeland, heute die Länder mit den meisten Weltmeistertiteln im Rugby. Sie bestritten auch das Finale der letzten Weltmeisterschaft 2023. In Neuseelands Geschichte gibt es keinen größeren Sportstar als Jonah Lamu, der trotz fast zwei Meter Größe und 125 Kilo Körpergewicht lief wie kein Zweiter – obwohl er vom Anfang seiner Rugbykarriere an eine schwere Nierenkrankheit hatte. Daran starb er im Alter nur vierzig Jahren.

Der Afrikanische Sportrat beschloss also als Protest dieser engen Verbindung zwischen Neuseeland und dem Apartheidregime einen flächendeckenden Boykott. Außerdem wurde der Antrag gestellt, Neuseeland von den Sommerspielen 1976 in Montreal auszuschließen, welchen das IOC aber einstimmig ablehnte. Ursprünglich wollte man darüber hinaus auch boykottierende Sportlerinnen und Sportler – darunter der Olympiasieger im 400-Meter-Hürdenlauf John Akii-Bua aus Uganda und Kenias Mittelstreckenstar Mike Boit – für fünf Jahre sperren. Dazu kam es nicht, weil das für das IOC irgendwie dumm gelaufen wäre: Bei konsequenter Durchsetzung solcher Sperren wären nach dem Boykott und Gegenboykott des Westens und des Ostblocks 1980 und 1984 kaum noch startende Sportlerinnen und Sportler übrig geblieben.

Schwarzer September 1972 und das Töten im Freistil

„Im amerikanischen Fernsehen gab es 1.017 Minuten Direktübertragung der den anderen Sportarten neu hinzugefügten 22. Olympischen Disziplin: Töten im Freistil." So zynisch beschrieb ein Buchautor Anschlag, Mord und Geiselnahme eines palästinensischen Terrorkommandos während der Olympischen Sommerspiele 1972 in München.

Es war aber im Grunde nur eine Frage der Zeit. Die Olympischen Spiele waren stets ein Forum für politische Demonstrationen gewesen, bis 1972 hatte sich jedoch die Politik am Veranstaltungsort und zur Zeit der Spiele auf weitestgehend gewaltfreie Aktionen beschränkt. Die dahinterstehende Gewalt blieb – zum Beispiel in Berlin 1936 – im Umfeld der Sportbewerbe verborgen. Doch entwickelte sich der Nahostkonflikt im Stil einer Zeitbombe zum Problemfall für die Olympischen Spiele.

Eine Bombe, die vorerst nur tickte. Israel selbst hatte nach der Staatsgründung angesichts der arabisch-israelischen Kriege 1948 andere Sorgen, als die Olympiateilnahme seiner Sportlerinnen und Sportler und eine politische Nutzung derselben zu forcieren. Umgekehrt waren die Boykottdrohungen arabischer Vertreter für die Londoner Sommerspiele im selben Jahr stark genug, um Gedanken an eine israelische Teilnahme zu unterdrücken.

Doch bereits 1952 waren die Olympischen Spiele abgesehen von Versammlungen der UNO das einzige Ereignis der Welt gewesen, an dem sowohl Israel als auch mehrere arabische Staaten teilnahmen. In Melbourne, als drei arabische Länder – Ägypten, der Irak und der Libanon – wegen der Suezkrise die Spiele boykottierten, waren lediglich zwei israelische Sportler und eine Sportlerin am Start gewesen. Bis 1968 starteten niemals mehr als 27 Israelis in den olympischen Sportbewerben. Medaillengewinne gab es nicht, und auch die arabischen Länder waren keine Sportgroßmächte.

Doch nach dem israelisch-arabischen Krieg 1967/68 verstärkten die arabischen Staaten ihre Kampagne für ein unabhängiges Palästina. Parallel dazu stieg die Zahl der terroristischen Aktivitäten. Auf olympischer Ebene kam es nur deshalb nicht zu einem Boykott der Araber gegen die Teilnahme Israels, weil sie sich nichts davon versprachen. So gesehen war für München 1972 nichts Gutes zu erwarten.

Lebensgefährliches Abwarten und Explosion der Bombe

Das passive Abwarten des IOC sollte lebensgefährlich werden. Entsprechend der politischen Realitätsverweigerungstradition der Olympiafunktionäre konnte durch Hinweise auf formale Gegebenheiten jedwede Thematisierung des Nahostkonfliktes verhindert werden. Das gelang, weil die Araber den – aus sportpolitischer Sicht – taktischen Fehler begangen hatten, keine Gegeninstitutionen als (halb-) offizielle Vertreter Palästinas oder des Gazastreifens aufzubauen. Die

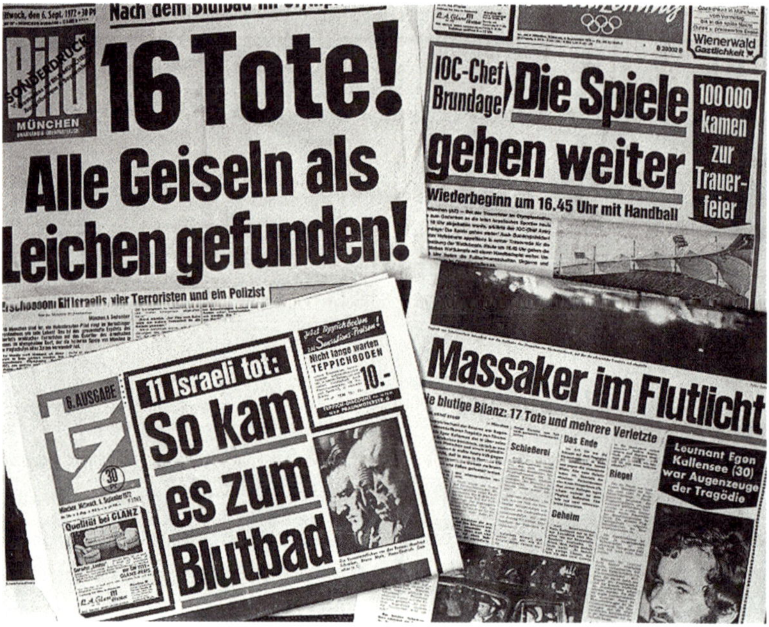

„16 Tote" und „Die Spiele gehen weiter": Schlagzeilen deutscher Zeitungen nach dem Terroranschlag auf die israelischen Olympiateilnehmer 1972 in München.

Unmöglichkeit eines sportpolitischen Diskurses und die politische Aussichtslosigkeit eines Boykotts ließen aber angesichts des parallel immer kritischer werdenden Nahost-Konfliktes die Bombe weiter ticken.

Am 5. September 1972 explodierte sie. Angehörige der palästinensischen Organisation „Schwarzer September" nahmen in deren Quartier israelische Sportler, Trainer und Funktionäre als Geiseln und forderten die Freilassung von etwa 200 Arabern in israelischer Gefangenschaft. Von der Bundesrepublik Deutschland wurde die Bereitschaft zur freien Ausreise der Terroristen und ihrer Geiseln in ein Land nach Wahl des Killerkommandos verlangt. Es hatte nichts geholfen, dass für die Zeit der Olympischen Spiele zusätzlich zu den ohnehin in München und Oberbayern tätigen Polizeikräften fast 8.000 weitere Polizisten und 24 Hubschrauber eingesetzt wurden.

Sowohl die deutsche als auch die israelische Regierung verweigerten jedwede Erfüllung der terroristischen Forderungen. Ein Befreiungsversuch der Polizei auf dem Flughafen Fürstenfeldbruck in der Nacht vom 5. zum 6. September scheiterte kläglich. Neun israelische Geiseln, fünf arabische Geiselnehmer und ein deutscher Polizeibeamter wurden erschossen. Bereits zuvor waren zwei Geiseln infolge von Schussverletzungen bei ihrer Gefangennahme gestorben.

Der offizielle Sprecher der deutschen Bundesregierung, Konrad Ahlers, aber erklärte allen Ernstes kurz vor Mitternacht: „Man kann wohl sagen, diese Operation der Befreiung ist glücklich und gut verlaufen." Erst die bayrische Landesregierung gab am Folgetag das wahre Ergebnis der Befreiungsaktion bekannt.

„The games must go on!" und das Schweigen der Sowjets

Soweit die Tragödie von München in ihrem Ablauf. Die Schlüsselfrage war nun klarerweise, ob man die Spiele fortsetzen oder abbrechen solle. Das Ergebnis ist bekannt. Auf olympischer Ebene hieß es „The games must go on" – nicht nur in München, sondern für immer.

Ausschlaggebend für die Entscheidung des IOC war nicht zuletzt ein Argumentationsproblem: Nicht einmal Adolf Hitlers Propagandaspiele, ebenfalls in Deutschland, waren 1936 abgesagt oder wenigstens verlegt worden. Wie sollte man einen nunmehrigen Abbruch erklären, wenn IOC-Präsident Avery Brundage sogar im Rückblick die damalige Veranstaltung in Berlin als ohne kriminellen Druck der Nationalsozialisten gelungen ansah? Brundage selbst war ganz klar sowohl ein Antisemit als auch ein Rassist.

Ein Nachgeben hätte 1972 zudem ein wirtschaftliches Desaster ausgelöst, vor allem aber für das IOC einen bis heute und insbesondere nach dem 11. September 2001 gefährlichen Präzedenzfall für alle sportlichen Großveranstaltungen geschaffen: Wer immer in Zukunft politisch motivierte Anschläge planen würde, hätte dadurch sozusagen ein logisches Ziel, und gerade in der Bundesrepublik Deutschland stand 1974 die Fußballweltmeisterschaft bevor. Man stelle sich vor, die palästinensische Hamas oder genauso jede andere Terrororganisation könne sich dessen gewiss sein, bei einem Anschlag mit Toten jederzeit den Abbruch der Sommerspiele 2024 in Paris zu erreichen. Die Olympischen Spiele 1972 wurden also mit eintägiger Unterbrechung nach einer Trauerfeier fortgesetzt. Nur 19 von über 3.000 Sportlerinnen und Sportlern – das war lediglich rund ein halbes Prozent – entschieden sich individuell zur Abreise.

Alle, die eine Fortsetzung der Spiele befürworteten, argumentierten mit der bereits skizzierten problematischen Beispielwirkung eines Abbruchs. Eine solche Argumentation hatte natürlich etwas für sich. Demgegenüber stand freilich nicht nur der Punkt, dass – ein Tag Trauerfeier hin oder her – der fortgesetzte Jubel von Athleten und Publikum jeglichen Grundsätzen der Moral widersprechen würde. Hätte nicht ein Spieleabbruch der olympischen Idee ihres Friedensgedankens, im Sinne der Solidarität gegenüber den Opfern und einer einheitlichen Trauerarbeit, besser entsprochen?

Paradoxerweise blieb nämlich der Terroranschlag somit politisch wie olympisch ohne Konsequenzen. Sogar die Trauerbekundungen waren alles andere als geschlossen und einheitlich. Während die westliche Welt einhellig ihr Entsetzen ausdrückte, schwieg die UdSSR.

Im an sich weltpolitisch dominanten Ost-West-Konflikt wollten die Sowjets zu den Ereignissen in München nichts sagen, weil der Terror bzw. die Geiselnahme sich in einem NATO-Land ereigneten. So hatte sich eine propagandistische Schwächung des Westens ergeben, die man nicht durch Mitleidsbekundungen ausgleichen wollte.

Nur die tschechische, polnische und ungarische Presse bedauerte die Vorfälle. Die Reaktionen der Weltöffentlichkeit ließen ansonsten erkennen, dass Feindschaften gegenüber den Palästinensern verstärkt wurden und Freunde nur sehr vorsichtig ihre Solidarität erklärten. Die Sympathiekundgebungen für Israel waren in der Überzahl.

Doch die ägyptische Zeitung Al Ahram schrieb, man solle den Terror der Palästinenser nicht tadeln, weil ja ihre Heimat von Israel besetzt wäre.

Das Verfehlen der Terrorziele und die scheinbare Perfektion der Sicherheit

Gleich dem Hamasterror 2023 und als entscheidender Unterschied zum Al-Kaida- und „Islamischer Staat“- Terror des 21. Jahrhunderts gab es 1972 konkrete Zielsetzungen – die Freilassung inhaftierter

Palästinenser, einen palästinensischen Staat, die Abschaffung des israelischen Staats –, während etwa Osama bin Laden Destabilisierung per se anstrebte. Doch keines der damaligen Terrorziele wurde erreicht.

Die Zulassung der Palästinenser zur Nahostdebatte auf der 29. Generalversammlung der Vereinten Nationen im November 1974 stand in keinem zeitlichen oder inhaltlichen Kausalzusammenhang mit der Münchner Geiselnahme. Anschläge wie in München drohten vielmehr, den Dialog zu gefährden. Das wurde jedoch gar nicht als Ziel der Geiselnehmer definiert.

Nicht unterschätzen sollte man einen psychologischen Faktor: Niemand ist gern willfähriges Opfer einer Erpressung und gesteht die eigene Ohnmacht ein. Doch bei allem Verständnis für die unglaubliche Stresssituation aller Verantwortlichen 1972 waren manche Aussagen angesichts des tragischen Ausgangs des Befreiungsversuches bloß peinlich und pietätlos. Zum Beispiel ist aus der Dokumentation der Bundesregierung und des Freistaates Bayern die Verlautbarung ersichtlich, dass „der gewählte Zeitpunkt der Feuereröffnung der einzig richtige und mögliche war". Ja genau. Und deshalb waren nachher alle Geiseln tot.

Im Nachhinein betrachtet fehlte weltweit jedwedes Geschichtsbewusstsein: Die Bedeutung der Tatsache, dass ausgerechnet Deutschland zum Schauplatz des Anschlages auf jüdische Sportler geworden war, war kaum Gegenstand einer seriösen Diskussion, sondern zumeist Ausdruck von billigem Sensationsjournalismus; der Berichterstatter der BBC, Ian Wooldridge, rief mit sich überschlagender und nach Begeisterung klingender Stimme in einer Sendung am Vormittag des 5. September: „Das sind große Neuigkeiten! Schon wieder die Juden! Und das hier!"

Einzige Langzeitfolge des Terrors aus Sicht der Olympischen Bewegung waren daher verbale Verurteilungen als Selbstverständlichkeit und eine scheinbare Perfektionierung der Sicherheitsmaßnahmen. Bereits in Barcelona 1992 kreisten U-Boote im Hafengebiet, damit bloß nichts passierte. Der nächste Terroranschlag kann – wann auch immer – allerdings zeigen, wie ohnmächtig Olympia ist.

Sportlicher Held der Olympischen Spiele 1972 in München war übrigens der amerikanische Schwimmer Mark Spitz. Er gewann vor dem Anschlag sieben Goldmedaillen. Nachher musste er – die USA waren ja wichtigster Verbündeter Israels – unter strengsten Sicherheitsvorkehrungen nach London ausgeflogen werden, worüber nicht berichtet wurde.

Genauso ein Tabu war die zwiespältige und zwielichtige Rolle der DDR. Medial war dort wechselweise von „Freischärlern" und „Terrorangriff" zu lesen, obwohl die Sachlage eindeutig war. Kommentare zielten auch darauf ab, dass in Ostdeutschland ein solcher Überfall nicht passiert wäre. Was vermutlich stimmte, weil einzelne Terroristen sich dort aufgehalten haben oder sogar ausgebildet wurden. Auch wurde durch die richtige Darstellung der von Israel 1967 besetzten Gebiete die Ursache des Terrors geschildert, ohne gleichzeitig die konsequente Ablehnung eines jüdischen Staates durch die Araber zu thematisieren.

KAPITEL 6

Re-Nationalisierung und Ökonomisierung ab 1992

Nach dem Ende des Kalten Krieges zwischen USA und UdSSR glaubte man an eine Vereinigung der olympischen Familie. Die Sowjetunion war zerfallen, deren Sportlerinnen und Sportler nahmen bei den Olympischen Spielen 1992 in Barcelona als „Gemeinschaft Unabhängiger Staaten" letztmals gemeinsam teil. Unter dieser Bezeichnung stellte man also nicht mehr nationale, sondern im Grunde bereits internationale Mannschaften und Staffelteams. Übrigens mit Teammitgliedern sowohl aus Russland als auch der Ukraine.

Nach dem Beitritt der DDR zur Bundesrepublik gab es eine wiedervereinigte Olympiamannschaft Deutschlands, wobei Ex-DDR-Sportlerinnen und -Sportler die Mehrheit im Kontingent stellten und für die meisten Medaillenerfolge verantwortlich waren. In der deutsch-deutschen Jubelstimmung war man klar westlich orientiert, aber besonders dankbar für neue Typen wie die Schwimmerin Franziska van Almsick. „Franzi" gewann zwar in Barcelona noch keine Goldmedaille, sondern Silbermedaillen mit der Lagenstaffel und über 200 Meter Freistil sowie Bronze über 100 Meter Freistil sowohl im Einzel als auch mit der Staffel. Vor allem jedoch eignete sich van Almsick als erster gesamtdeutscher Sportstar. Nicht nur, weil sie hübsch und eloquent war. Als 14-Jährige war sie nicht verdächtig, in der undemokratischen DDR eine politisch problematische Vergangenheit zu haben. Altersbedingt war sie auch nicht wie bis heute Kristin Otto, Sechsfacholympiasiegerin von Seoul 1988, mit massiven Vorwürfen eines Staatsdopings konfrontiert.

Sogar die Volksrepublik China, Kuba und Nordkorea nahmen 1992 ebenfalls wieder teil, genauso Südafrika erstmals wieder nach drei

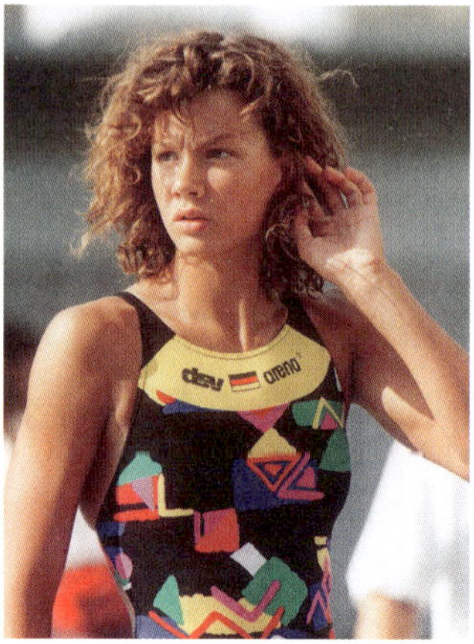

Franziska van Almsick im Alter von vierzehn Jahren bei den Spielen in Barcelona 1992, wo sie mit ihren vier Medaillen zum ersten gesamtdeutschen Sportstar wurde.

Jahrzehnten und Aufhebung der rassistischen Apartheid. Die absolute Politisierung der Olympischen Spiele im Ost-West-Konflikt wurde einerseits durch viel Kommerzialisierung abgelöst. Andererseits traten alte und neue Nationalitätenkonflikte an ihre Stelle.

Die Reste Jugoslawiens

War nun Schluss mit dem politischen Missbrauch der Spiele? Von wegen. Kaum hatten sich der kapitalistische Westen und der kommunistische Ostblock lieb, zerfiel Jugoslawien. Slowenien und Kroatien waren als bereits eigenständige Nachfolgestaaten neue Olympiateilnehmer. Vor allem im Basketball rund um die in den USA spielenden Stars der Kroaten Dražen Petrović und Toni Kukoč. Ihr Pech war, dass die USA zum allerersten Mal mit einer Profimannschaft antraten. Das „Dream Team" rund um Michael Jordan und Magic Johnson stahl allen die Aufmerksamkeit und gab niemandem sonst eine sportliche Chance.

Doch das in Serbien liegende Belgrad hatte sich ursprünglich um die Austragung der Olympischen Spiele 1992 beworben. Stattdessen ging es nun in Barcelona darum, ob der jugoslawische Reststaat – es handelte sich um Serbien und Montenegro – des Diktators Slobodan Milošević trotz Kriegsverbrechen dabei sein sollte.

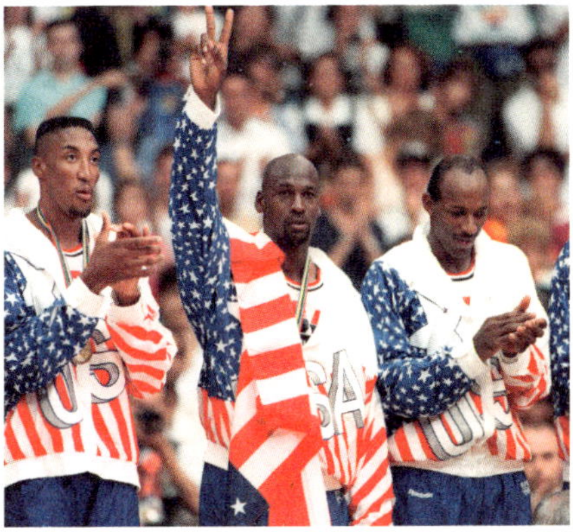

Scottie Pippen, Michael Jordan und Clyde Drexler mit ihren Goldmedaillen bei den Spielen 1992 in Barcelona: Das „Dream Team" wurde zur Basketball-Legende. Jordan verbarg bei der Siegerehrung mit der US-Fahne auch das Logo des offiziellen Teamausrüsters, ein Konkurrent seines Sponsors.

Ende Mai 1992 untersagte zunächst die Resolution 757 des Sicherheitsrates der UNO unter Androhung politischer und wirtschaftlicher Sanktionen jedwede Sportbeziehungen zu Serbien und Montenegro als Restjugoslawien. Zugleich wurden die Mitgliedsländer der Vereinten Nationen angewiesen, „die notwendigen Schritte zu unternehmen, damit Personen und Gruppen aus Serbien und Montenegro nicht an Sportveranstaltungen auf ihrem Gebiet teilnehmen". Spanien teilte daraufhin dem IOC mit, keine (rest-)jugoslawischen Sportler auf seinem Territorium zuzulassen. Punkt und aus? Mitnichten.

Worin besteht der Unterschied zum Fall Russland bei den Olympischen Spielen 2024 in Paris? Russland als Rechtsnachfolger der UdSSR verfügte und verfügt über einen ständigen Sitz im Sicherheitsrat der Vereinten Nationen und hat ebenda ein Vetorecht – auch in einer Sache gegen sich selbst. Womit anders als im Fall der Reste Jugoslawiens 1992 ein Ausschluss Russlands von den Spielen 2024 durch das Befolgen eines Entscheids der UNO, an den auch das russische Einzelsportlerinnen und -sportler zulassende IOC gebunden gewesen wäre, unmöglich war.

Doch 1992 wendete sich das Blatt nochmals: Das IOC plante trotzdem ein Antreten der Serben und Montenegriner als „Mannschaft der Freundschaft" mit neutraler Fahne und Hymne. „Freundschaft"? Das war kalter Zynismus. Nach der internationalen Anerkennung der unabhängigen Republik Bosnien und Herzegowina durch die Europäischen Gemeinschaften (die heutige EU) und die USA hatte der Bosnienkrieg begonnen, in dem serbische Truppen Kriegsverbrechen und sogenannte „ethnische Säuberungen" begingen. Doch das Nationale Olympische Komitee Bosniens und Herzegowinas wurde durch den IOC nicht anerkannt. Die Bosnier schrieben an Juan Antonio Samaranch als Präsident des IOC: „Wenn Sie die Teilnahme der Aggressoren zulassen, dann wird die olympische Fahne mit Blut beschmiert."

Von der Fußballeuropameisterschaft 1992 war das Land des Kriegsverbrechers Milošević freilich ausgeschlossen worden, das nachrückende Dänemark mit frisch aus dem Urlaub kommenden Spielern wurde sensationell Titelträger.

Doch das IOC war geradezu stolz auf seine diplomatische Leistung, dass die UNO ihre Resolution 757 abschwächte und Einzelsportlerinnen und -sportler dadurch vom Veranstalterland Spanien eine Einreiseerlaubnis bekamen. Was natürlich zugleich die Starterlaubnis bedeutete. Samaranch bezeichnete das als Sieg, der jugoslawische Premierminister nannte es wundervoll.

Mit anderen Worten: Das Land wurde von Mannschaftsbewerben ausgeschlossen, Einzelsportlerinnen und -sportler durften aber „unabhängig" mitmachen. Warum vier Serben im Mannschaftszeitfahren auf dem Rad nicht als Mannschaft galten und starten durften, das blieb schleierhaft. Serbischen Medien war das freilich zu wenig: Der Ausschluss von chancenreichen Nationalmannschaften insbesondere in den Ballsportarten wurde als Auslöschung und Ermordung der Sportstars beschrieben – angesichts des gleichzeitigen Massenmordes im Krieg ein Vergleich der allerübelsten Sorte.

Österreich leistete einen schrägen Beitrag: Die Handballerinnen der Alpenrepublik hätten ihr Auftaktspiel gegen Jugoslawien bestritten, nach dessen Sperre traf man auf Norwegen. Doch nach der systematischen Einbürgerung von Weltklassesportlerinnen spielten am 3. August 1992 Frauen aus allen in den jugoslawischen Bürgerkrieg verwickelten Nationen in rot-weiß-roten Dressen als österreichische Nationalmannschaft. Das waren Stanka Bošović aus Titograd (Montenegro), Slavica Đjukić aus Belgrad (Serbien), Jadranka Jez aus Zagreb (Kroatien) und Jasna Kolar aus Mostar (Bosnien-Herzegowina). Kolar hatte 1984 mit der Mannschaft Jugoslawiens die Goldmedaille gewonnen und war mit 54 Treffern für „ihr“ Land Torschützenkönigin des Olympiaturniers geworden.

Freiheit für Katalonien und Terrorangst

Wer die europäische und spanische Geschichte verfolgt hat, weiß, dass Barcelona als Hauptstadt Kataloniens selbst Mittelpunkt jahrhundertelanger Unabhängigkeitsbestrebungen war. Vor den Olympischen Spielen 1992 war es eine besondere Pikanterie, dass ausgerechnet der Präsident des IOC – Juan Antonio Samaranch – die Katalanen langjährig als hochrangiger Funktionär Spaniens im Faschismus unter General Franco unterdrückt hatte.

Samaranch war seit den Fünfzigerjahren Mitglied der faschistischen Bewegung in Spanien gewesen, sowohl in der Falange als auch in der späteren Nachfolgeorganisation Movimiento National. Als Faschist wurde er Stadtrat sowie Regionalrat und 1966 durch Franco zum Sportminister ernannt. Nach dem Tod Francos erklärte der Faschist Samaranch, dass Katalonien ohne den Diktator zum Waisenkind geworden und Francos Beispiel Symbol für ein besseres Spanien wäre.

Dass 1977 in Barcelona mit dem Ruf „Samaranch, hau ab!“ Hunderttausende Menschen für Samaranchs Abberufung als Regionalrat protestierten, beeindruckte das IOC nicht: Nach Avery Brundage machte man wiederum einen verkappten Faschisten und Rassisten zum Präsidenten. Samaranchs Auftreten als Präsident des IOC war in Barcelona indirekt eine Verhöhnung des katalanischen Volkes. Bei Interviewfragen zu seiner politischen Vergangenheit pflegte Samaranch das Gespräch stets abzubrechen.

Die Regionalregierung Kataloniens als eine autonome Gemeinschaft Spaniens – so heißen dort die „Bundesländer“ – warb knapp vor der Eröffnung der Spiele in mehreren internationalen Zeitungen mit der Frage: „In welchem Land liegt Barcelona?“ Die Antwort folgte in einem zweiten Inserat eine Seite dahinter: „Natürlich in Katalonien!“ Zugleich war es von großer Bedeutung, die Gäste aus aller Welt nicht in spanischer Sprache „bienvenidos", sondern auf Katalanisch „benvinguts" in der Olympiastadt willkommen zu heißen.

2017 – ein Vierteljahrhundert nach den Olympischen Spielen in Barcelona – erklärte Katalonien sich nach einem umstrittenen Referendum zu einer von Spanien unabhängigen Republik, die von anderen Staaten nie anerkannt wurde. Regionalregierung und Parlament wurden bald von der spanischen Regierung abgesetzt, katalonische Spitzenpolitiker flüchteten ins ausländische Asyl oder wurden zu langen Haftstrafen verurteilt.

1992 konnte eine solche Eskalation deshalb vermieden werden, weil Jordi Pujol als Präsident der katalonischen Regionalregierung erklärt hatte, mit dem Slogan „Freiheit für Katalonien" würde keine Trennung vom spanischen Staat gefordert, sondern mehr Autonomie, mehr politische Anerkennung und mehr wirtschaftliche Möglichkeiten.

Während die Katalonienkrise daher nur schwelte, wurde parallel dazu im Baskenland die Loslösung von Spanien gefordert. Nach Anschlägen der Terrororganisation ETA waren bis 1992 rund 600 Menschen gestorben. Das Gegenkonzept war klar: Sicherheit. Koste sie, was sie wolle. Die Sicherheitsvorkehrungen für die Olympischen Spiele in Barcelona umfassten über 40.000 Polizisten und Soldaten, 112 Überwachungshubschrauber, 25 vor Anker liegende Kriegsschiffe und vier U-Boote. In einer österreichischen Tageszeitung hieß es dazu: „Barcelona hat sich vor Beginn der Olympischen Spiele bis an die Zähne bewaffnet, befindet sich in einer Art Ausnahmezustand. Jeder und alles ist verdächtig."

Die Coca-Cola-Spiele

1996 wurde das Jubiläum 100 Jahre Olympische Sommerspiele in Atlanta begangen, der Hauptstadt des amerikanischen Bundesstaates Georgia – und nicht in Athen, dem Ort der antiken und der ersten neuzeitlichen Spiele. Obwohl man in Griechenland das wollte. Warum?

Atlanta ist Sitz der Konzernzentrale von Coca-Cola als Hauptsponsor. Alle sozialen Ungleichheiten in den USA und dieser Stadt, die durch Ghettos und Rassenkonflikte gekennzeichnet ist, verdrängte man. Obdachlose wurden kurzerhand für die Zeit der Spiele ins Gefängnis gesperrt, um nicht medial unangenehm aufzufallen. Die exzessive und nachweisbar rassisch diskriminierende Anwendung der Todesstrafe in Georgia wurde nicht einmal zum öffentlichen Thema.

Coca-Cola war seit 1960 in Rom Sponsor der Olympischen Spiele. Trotz eines sehr fragwürdigen Gesundheitswertes wurde der Softdrink für Sportlerinnen und Sportler sogar „offizielles Getränk der Olympischen Spiele in Los Angeles 1984", ein Titel, den man auch 1988 in Calgary und 1992 in Barcelona führen durfte. Diese Tradition wog offenbar schwerer als die griechische Geschichte. In Athen hatte man sogar schon mit dem Bau von Olympiaanlagen begonnen. Coca-Cola bot Atlanta eine Beteiligung am Budget der Spiele in der Höhe von 1,35 Milliarden Dollar. Behauptet wird, ohne direkte Bezugnahme auf Coca-Cola, dass mehrere Mitlieder des IOC für die Vergabe der Spiele mit Hunderttausenden Dollar bestochen wurden. Wie übrigens schon vier Jahre zuvor die Vergabe der Spiele nach Südkorea manipuliert gewesen sein soll.

Mehr noch: 750 der 1.000 größten US-Unternehmen hatten eine Niederlassung in Atlanta. Die Tatsache, dass direkte Werbung im Stadion oder auf der Wettkampfkleidung verboten war, tat der Werbewirksamkeit des allergrößten Sportereignisses für das Brausegetränk – und für alle anderen der „Top 12" Unternehmen im olympischen Sponsorenpool, darunter IBM und VISA – keinen Abbruch. Der deutsche Sportjournalist Gerd Rubenbauer bezeichnete Atlanta als olympischen Alptraum: Es seien die Spiele der fliegenden Händler und nicht der Sportler gewesen, ein Jahrmarkt mit abstoßenden Imbissbuden und anderen Geschmacklosigkeiten hätte sich als wichtigste Wettkampfstätte für 83.000 Zuschauer entpuppt.

Auch sonst war die Ökonomisierung allzu deutlich. Turnen ist üblicherweise keine Sportart, mit der man reich wird. Doch die 18-jährige Kerri Strug wurde marketingtechnisch als „All American Girl" inszeniert. Sie turnte sich trotz verstauchten Knöchels zur ersten Mannschaftsgoldmedaille der USA überhaupt. Mindestens fünf Millionen US-Dollar an Einnahmen durch Werbeauftritte waren ihr dadurch sicher. Von Skandalen um sexuellen Missbrauch im Turnsport wusste man damals in Strugs Heimat noch nichts – oder wollte nichts wissen.

Die Rückkehr des Terrors und Exoten als Farbtupfer

Während fast jeder ältere Mensch über den Terroranschlag von München 1972 irgendwie Bescheid weiß, wurde verdrängt, dass in Atlanta eine mit Nägeln und Schrauben gespickte Rohrbombe explodierte. Es gab bei den Olympischen Spielen zwei Tote und 111 Schwerverletzte, obwohl über 300 Millionen US-Dollar für Sicherheitsmaßnahmen ausgegeben wurden. Außer dass die Flaggen für einen Tag auf Halbmast gesetzt wurden, hat das die Fortführung der Spiele nicht beeinflusst.

Da wurde lieber gefeiert, dass Kleinststaaten von Dominica bis Nauru erstmals vertreten waren. Etwas berechtigter war der Jubel, als mehrere Länder erstmals überhaupt olympische Goldmedaillen gewannen: So siegte Claudia Poll aus Costa Rica im Schwimmen, Siebenkämpferin Ghada Shouaa holte Gold für Syrien und ein Flüchtling aus Burundi gewann den 5.000-Meter-Lauf: Vénuste Niyongabo.

In der inoffiziellen Medaillenwertung waren hingegen wie gehabt die USA meilenweit voran. Russland sicherte sich nur mit Mühe den zweiten Platz und sollte in den folgenden Jahren weiter zurückfallen. Die neunte Goldmedaille für Carl Lewis sowie das Doppelgold für Michael Johnson im 200-Meter- und 400-Meter-Lauf und frenetisch gefeierte Erfolge der Turnerinnen waren Basis der amerikanischen Triumphinszenierung.

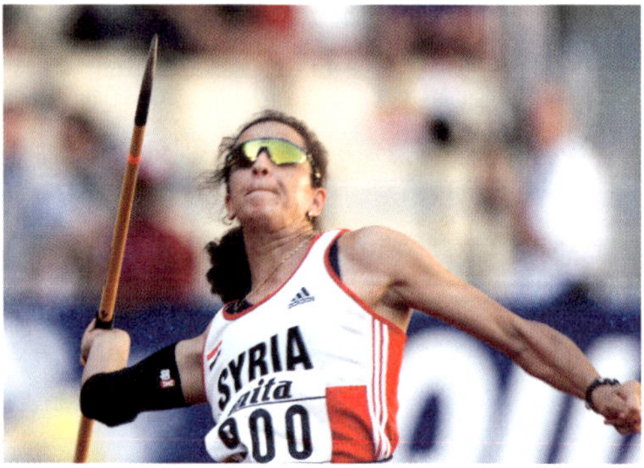

Ghada Shouaa, hier beim Speerwerfen, gewann bei den Spielen in Atlanta 1996 im Siebenkampf die bis heute einzige Goldmedaille für Syrien.

Obwohl von Fairness keine Spur zu sehen oder zu hören war: Der deutsche Turnolympiasieger Andreas Wecker wurde vom Publikum ausgepfiffen. In der Turnhalle waren sogar Handzettel mit der Aufforderung verteilt worden, den nichtamerikanischen Turnern mit übermäßigem Lärm Angst einzujagen. Er nahm es mit Würde: „Die bejubeln eben nur ihre eigenen Leute." Eine Landsfrau Weckers, die Schwimmerin Dagmar Hase, sprach von einem „abartigen Gegröle der Zuschauer". Hauptsache USA, USA, USA! Dem Rest der Sportlerinnen und Sportler widerfuhr eine teilweise menschenverachtende Missachtung.

Éric, der Aal

Wobei die größte Inszenierung dessen, wie man Sportlerinnen und Sportler aus armen und weniger entwickelten Ländern im Rahmen der Olympischen Spiele als Spektakel missbraucht, erst vier Jahre später im australischen Sydney folgen sollte. Éric Moussambani aus Äquatorialguinea konnte schwimmen. Nicht mehr und nicht weniger. Vor allem nicht mehr, weil er erst acht Monate vor den Spielen das Schwimmen gelernt hatte und ein olympisches Schwimmbecken bestenfalls aus dem Fernsehen kannte. Moussambani kraulte 100 Meter in einer Zeit von 1:52,72 Minuten. Damit benötigte er über die kurze Strecke weit mehr als doppelt so viel Zeit wie der Olympiasieger Pieter Van den Hoogenband. Er war damit sogar klar langsamer als Van den Hoogenband über 200 Meter, die doppelte Strecke.

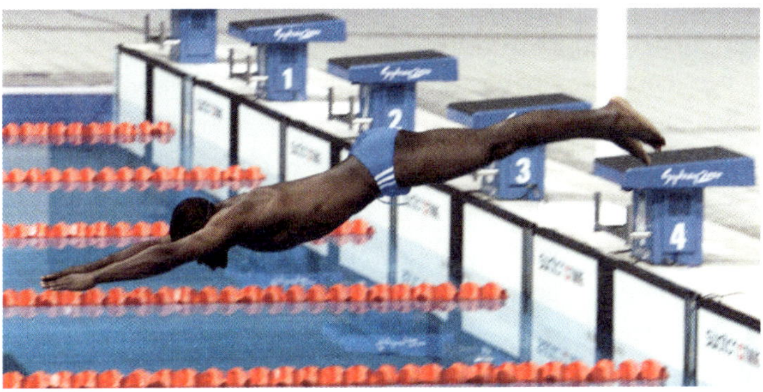

Éric Moussambani aus Äquatorialguinea nach dem Startschuss zum 100-Meter-Freistil-Bewerb bei den Spielen in Sydney 2000: Moussambani hatte erst acht Monate vor den Spielen in einem kleinen Hotelpool das Schwimmen gelernt.

Moussambani hatte sein Startrecht durch eine Ausnahmegenehmigung des IOC erhalten, um Vertreterinnen und Vertretern kleinerer Sportnationen eine Möglichkeit zur Teilnahme zu geben, indem diese keine Qualifikationsnorm erfüllen mussten. Man musste sich beim Zusehen wirklich Sorgen machen, ob der äquatorialguineische Schwimmer die ganze Strecke schaffen würde. Das IOC und die ganze Welt mit ihren Medien ergötzte sich an diesen Bildern, fühlte sich großartig und gab ihm den Spitznamen „Éric, der Aal". Das war widerlich.

Die große Tat der Cathy Freeman

Die Olympischen Sommerspiele 2000 im australischen Sydney werden oft leichtfertig als gelungene Freundschaftsspiele ohne allzu unangenehme Politikerauftritte dargestellt. Mag sein. Oder eigentlich nicht. Denn es gilt als erwiesen, dass Mitglieder des IOC für ihre Stimme bei der Vergabe der Spiele bestochen worden waren. Dass das kein Einzelfall war – fast jede Spielevergabe hatte ihren mutmaßlichen Bestechungsskandal, für Atlanta 1996 und London 2012 etwa gilt dieser ebenfalls als bewiesen –, macht die Sache nicht besser.

In idealisierender Form wird jedoch von Sydney gesagt, dass in 49,11 Sekunden politische Geschichte geschrieben wurde, nämlich von Cathy Freeman im 400-Meter-Lauf. Es war kein Weltrekord und schon gar kein sogenannter Jahrhundertweltrekord; Freeman war selbst enttäuscht, nicht unter 49 Sekunden geblieben zu sein. Der Sieg war dank ihres Schlusssprints relativ deutlich, aber nicht einmal wirklich überlegen. Doch Freeman war eine geborene Aborigine, also eine indigene Einwohnerin des australischen Kontinents.

Freeman selbst sagte noch zwanzig Jahre später in einer Dokumentation des Fernsehsenders ABC: „Alle waren einfach ... so vereint!" Diese Stimmung von 110.000 Zusehern im Olympiastadion wurde jedenfalls behauptet. Die Zeitung Sydney Morning Herald schrieb: „Sie läuft für ein ausgesöhntes Australien!" Dass Freeman in einem auffälligen Ganzkörperanzug mit Kapuze lief, machte ihren symbolischen Lauf zudem viel bild- und fernsehgerechter.

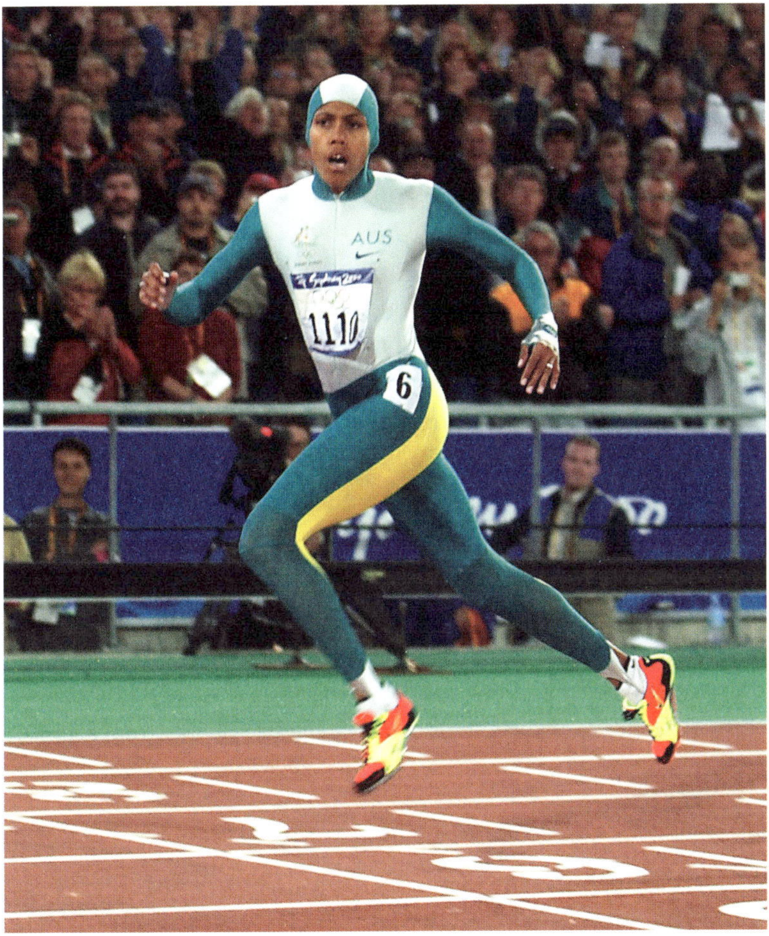

Cathy Freeman gewann bei den Spielen 2000 in Sydney mehr als nur Gold im 400-Meter-Lauf. Als indigene Einwohnerin Australiens, die sich bis heute für die Rechte der Aborigines einsetzt, schrieb sie auch politische Geschichte.

In Wahrheit war Cathy Freeman Leichtathletikfans natürlich ein Begriff gewesen. Sie war Silbermedaillengewinnerin in Atlanta und danach Doppelweltmeisterin. Der Druck in ihrer Heimat siegen zu wollen, der muss unglaublich gewesen sein. Doch als Superstar ihrer Sportart galt Freeman nicht. Dazu machte sie erst das „Storytelling“ als eine spezielle Form von Informationsvermittlung, mit der Emotionen ausgelöst wurden. Freeman sollte zur Legende werden, sodass alles den Aborigines widerfahrene Unrecht ausgeglichen wurde. Was angesichts der sozialen Probleme der indigenen Bevölkerung in Australien schlicht nicht stimmte.

Doch Freeman war der Einzelfall, die, die es geschafft hatte. Noch ihre Großmutter hatte der „gestohlenen Generation" angehört. Gemeint sind Kinder der Aborigines, die man ihren Eltern weggenommen und in Heime gesteckt hatte. Oder weiße kinderlose Paare nahmen sie sich einfach. Auch Freemans eigene Kindheit in Armut wurde medial breitgetreten. Bewundernswert waren nicht die Geschichtenerzähler und schon gar nicht irgendwelche Sportfunktionäre, sondern einzig und allein Freeman. Denn als sie nach früheren Erfolgen bei internationalen Meisterschaften neben der australischen Nationalflagge auch die Fahne der Aborigines schwenkte, da hatte man ihr noch mit Disqualifikation gedroht.

Dass Freeman 2000 in Sydney bei der Eröffnungsfeier das olympische Feuer entzünden durfte und nach ihrem Olympiasieg verehrt wurde, das war schön. Cathy Freeman freut das bis heute, und sie kämpft noch immer für ihr Volk. Das alles darf aber nicht darüber hinwegtäuschen, dass der Legendenstatus von Freeman für viele Politiker ein willkommenes Feigenblatt war, um sich weiterhin viel zu wenig um die Aborigines zu scheren.

Die brennenden Betten der Welt

Auf der Schlussfeier der Olympischen Spiele 2000 wurde ein Lied gespielt, die wahrscheinlich größte australische Rockhymne überhaupt. Die Band Midnight Oil sang bei der olympischen Abschlusszeremonie „Beds are Burning", in Schwarz gekleidet und mit einem Wort auf der Kleidung um Entschuldigung bittend: „Sorry!"

Es war vor einem Millionen- oder sogar Milliardenpublikum eine Kritik der Musiker an der Weigerung des australischen Regierungschefs, sich bei den Ureinwohnerinnen und Ureinwohnern dafür zu entschuldigen, dass man ihnen ihr Land weggenommen und sie über 200 Jahre lang schlecht und diskriminierend behandelt hatte. Die später seitens der Musiker von Midnight Oil und genauso weltweit getragenen T-Shirts mit der Aufschrift „That's Your Excuse?" machten Geschichte: „Das ist eure Ausrede?"

Die brennenden Betten sind ein politisches Lied darüber, dass den Pintupi ihre australische Heimat zurückgegeben werden muss. Die Pintupi waren die allerletzten Menschen, die aus der Wüste kamen und in Siedlungen und Missionen ziehen mussten. Viele von ihnen wurden zwangsweise umgesiedelt. Erst 1981 kehrten sie in ihr eigenes Land zurück und standen stellvertretend für die Urbevölkerung Australiens, an der der Landraub begangen wurde. Zugleich ist „Beds are Burning" aber auch ein Lied für Umweltschutz und gegen den Klimawandel. Ein Protestsong gegen die Zerstörung unseres Planeten.

„Draußen, wo der Fluss den Blutholzbaum und die Wüsteneiche brach, dampfen Autowracks und kochende Dieselfahrzeuge. Bei fünfundvierzig Grad. Die Zeit ist gekommen, zu sagen, es ist gerecht, die Miete zu zahlen, unseren Beitrag zu zahlen. Fakt ist Fakt.

Es gehört ihnen, lasst es uns zurückgeben. Wie können wir tanzen, wenn unsere Erde sich dreht? Wie schlafen wir, während unsere Betten brennen?"

So der Beginn des Liedtextes. Der Refrain lautet auf Englisch: „The time has come. A fact is a fact. It belongs to them. Let's give it back. How can we dance when our earth is turning? How do we sleep while our beds are burning?"

Doch die australische Politik hat sich nicht entschuldigt und das geraubte Land viel zu selten zurückgegeben. Wir allen haben jahrzehntelang weitergemacht und viel zu wenig gegen den Klimawandel getan. Die Olympische Bewegung am allerwenigsten. Von ihr hat es angesichts ihrer imperialen Geschichte kaum jemand anders erwartet. Von Australien vielleicht schon.

„Wir werden die Australier aus dem Becken prügeln"

Australien. Sydney im Jahr 2000. Eine nationalistische Sportgeschichte, die trotzdem schön ist. Das Veranstalterland Australien hatte das Pech, dass viele seiner Lieblingsportarten nicht olympisch waren. Oder es zur damaligen Zeit nicht waren. Somit kam man nicht in den Genuss vieler Goldchancen. Weder im Rugby noch im Cricket. Und schon gar nicht segelnd auf hoher See. Neben Cathy Freeman blieb den australischen Fans nur das Schwimmen. Da war das Land eine Weltmacht. Es war der Nationalsport, und viele Medaillen schienen sicher.

Auch dank dem 17-jährigen Wunderkind des Schwimmsports: Langstreckenweltrekordler Ian Thorpe. Aber ganz Australien wollte eine bestimmte Goldmedaille. Diese eine. Die einzig und allein zählen sollte: Eine fanatisierte Nation erwartete den Sieg in der vermeintlichen Königsdisziplin, der 4x100-Meter-Kraulstaffel der Männer. Weil die Amerikaner geschlagen werden sollten. Es gab nur zwei Probleme: Solange diese Strecke geschwommen wird – und das war seit den Dreißigerjahren des 20. Jahrhunderts so –, hatten erstens ausschließlich die USA olympisches Gold gewonnen. Ohne jedwede Ausnahme. Zweitens ist der Rennausgang einer solchen Staffel relativ leicht zu prognostizieren, indem die Bestzeiten der vier schnellsten Schwimmer addiert werden (eine raffinierte Taktik wie Windschattenschwimmen gibt es ja nicht) – und da waren die Athleten der USA in Summe einfach viel schneller.

Theoretisch jedenfalls. Denn in Australien baute sich ein Jahr lang eine Massenhysterie auf. Für die vier besten Schwimmer des Landes entstand ein gigantischer Druck, dass man diesen einen Bewerb gewinnen müsse. Dabei sah die nüchterne Analyse so aus: Einen absoluten Weltklassekrauler, der auch im Einzel eine Medaille holte, hatte man gar nicht. Doch es gab Michael Klim. Den besten Delfinschwimmer. Also sollte er die Kraulstaffel anschwimmen. Und das mit Weltrekordzeit, um überhaupt eine Chance zu haben. Das war, als würde man beim Skifahren von einem Slalomweltcupsieger wie Marcel Hirscher verlangen, er müsse in Kitzbühel den Abfahrtslauf in Streckenrekordzeit gewinnen. Nach Klim kamen zwei schwächere Schwimmer, das gestanden sich sogar die australischen Fans ein. Aber als Schlussmann sollte Ian Thorpe ins Wasser springen und alles würde gut werden. Wie? Darauf gab es keine logische Antwort. Doch das australische Publikum tat so, als könnten sie notfalls für Thorpe das Olympiabecken verlängern, damit er als Langstreckenspezialist die Amerikaner schlagen kann.

Thorpe war nämlich der neue Superstar auf den Langstrecken. Aber zum Vergleich: Wer würde in der Leichtathletik erwarten, dass ein 800-Meter-Läufer einen Weltklassesprinter über 100 Meter schlägt? Niemand. Bei „Thorpedo" waren sich hingegen am Wettkampftag 20.000 fanatische australische Fans im Schwimmstadion sicher, das würde gelingen. Obwohl der US-amerikanische Schlussschwimmer Gary Hall junior, bereits vier Jahre zuvor in Atlanta Olympiasieger, Öl ins Feuer gegossen hatte. Er war der Typ des „All American Cowboy" und verkündete großmäulig: „We will smash the Aussies like guitars!" Frei übersetzt meinte er, dass man die Australier deklassieren und quasi aus dem Becken prügeln würde.

Dann trat für Michael Klim, Chris Fydler, Ashley Callus und Ian Thorpe ein unerwartetes Problem auf. Als die Staffeln zu den Startblöcken marschierten, fehlte der Letztgenannte. Was war passiert? Thorpe musste eine Viertelstunde vorher bereits kraulend das Finale über 400 Meter bestreiten. Eine heikle Sache. Denn einen olympischen Endlauf kann man nicht mit halber Kraft gewinnen, um sich für das nächste Rennen zu schonen.

Thorpe schwamm einen neuen 400-Meter-Weltrekord. Nur hat er danach seinen Ganzkörperanzug ausgezogen. Als er wieder in diesen schlüpfen wollte, war dieser klitschnass und ließ sich nicht einfach überstreifen. Thorpe schaffte es arg verspätet, kam in buchstäblich letzter Sekunde nachträglich in die Schwimmarena. Alle australischen Fans dort waren sich trotzdem sicher: Das Ding gewinnen wir! Womöglich hilft der liebe Gott. Oder sonst irgendwas. Egal was. Der Rest ist Sportgeschichte.

Der Wettbewerb begann. Michael Klim sprang ins Wasser. Und er schwamm den für unmöglich gehaltenen Kraulweltrekord. Fydler und Callus verspielten erwartungsgemäß den Riesenvorsprung. Der Letzte der US-Staffel, Hall junior, sprang ins Wasser und kraulte los, als würde es kein Morgen geben. Bei der Wende und auch noch 25 Meter vor dem Ziel lag er klar vorne. Doch niemand in Australien hatte je Zweifel am Sieg. Thorpe gewann prompt um eine Handbreite.

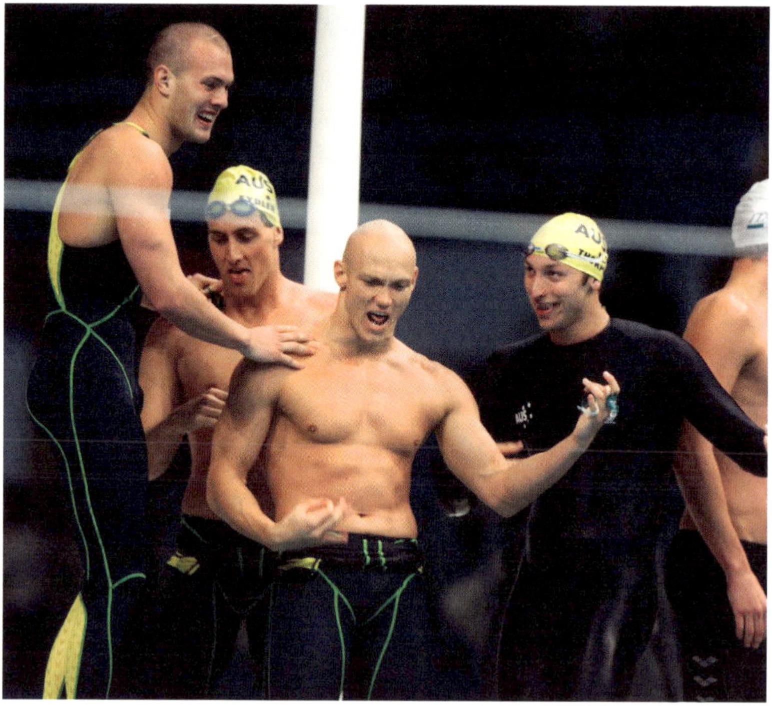

Die australische Schwimmstaffel der Männer rund um Superstar Ian Thorpe (4.v.l.) beim Feiern ihres Sieges über 400 Meter Freistil bei den Spielen in Sydney 2000.

Danach standen die australischen Schwimmer am Beckenrand und spielten Luftgitarre. Jede österreichische Skibegeisterung, jede brasilianische Fußballeuphorie und jeder kanadische Eishockeyjubel sind harmlos im Vergleich zu Australiens Hysterie und dieser einen Goldmedaille mit Ansage.

Das Land war im Vollrausch wie zuvor nur ein einziges Mal im 20. Jahrhundert: 1983 hatte die Australia II den Americas Cup im Segeln gewonnen, nachdem zuvor 132 Jahre lang nur amerikanische Teams gesiegt hatten.

Übrigens hat Thorpe erst nach Ende seiner Karriere zwei Dinge gestanden: Er ist schwul, und er hat gedopt. Das Zweite haben ihm die nur scheinbar liberalen Australier verziehen, das Erste weniger. Es passte nicht zur Legendenbildung. Thorpe ist als junger Mann beinahe daran zerbrochen.

Die sündteure Pleite in Athen

Vier Jahre später gewann Thorpe nochmals das Kraulrennen über 200 Meter. Gegen den Holländer Pieter Van den Hoogenband, der ihn in Sydney besiegt hatte. Und gegen Michael Phelps, der 2008 acht Goldmedaillen holen sollte. Doch der Sport fand bei den Olympischen Sommerspielen 2004 in Athen nicht in einer heilen Welt statt. Den politischen Rahmen bildeten die Terroranschläge von Madrid im März 2004.

Auch die Erinnerung an „9/11" – die Flugzeuganschläge in den USA am 11. September 2001 – war noch frisch. Das führte zu einem Sicherheitsbudget von 1,2 Milliarden US-Dollar. Insgesamt sollten die Athener Spiele rund 4 Milliarden kosten. Bis heute weiß niemand, ob es am Ende 10, 12 oder 15 Milliarden waren. Aber sicher nicht weniger.

Griechenland erlebte 2004 ein vielleicht letztes Blütejahr. Allerdings nicht auf marmornen Säulen stehend, sondern mit Seifenblasen einer Schuldenpolitik und auf gefälschten Staatsbilanzen beruhend. Wenig später war das Land bankrott und löste eine tiefgreifende Krise der Europäischen Union und des Euros aus. 2001 war Griechenland in die Eurozone aufgenommen worden, woraufhin mit Unterstützung von Investmentbanken in den USA die Höhe der Staatsschulden verschleiert und der EU verheimlicht wurde.

Auch um in die Olympischen Spiele zu investieren. Doch werden bis heute die verkehrstechnisch arg abgelegenen Sportlerherbergen kaum als Wohnungen genutzt. Auf dem einstigen Olympiagelände fand man wenig später nur noch verfallene Gebäude, verdorrte Bäume und verriegelte Toilettenhäuschen. Mehr als die Hälfte der Bauten an den olympischen Stätten wurden nicht mehr genutzt. Die Süddeutsche Zeitung sprach Jahre später von „Ruinen für die Ewigkeit".

KAPITEL 7

Armut, Demokratiedefizite und Umweltzerstörung bis 2016

Ebenfalls gescheitert war in Athen das Vorhaben, die Olympischen Spiele für Umweltpolitik zu nutzen. Mit der Austragung der Spiele wollten Stadtpolitiker die Lebensqualität verbessern. Der allgegenwärtige Smog sollte minimiert werden, unter anderem durch eine Verdoppelung der Grünflächen. Was nachweislich nicht geschah. Stattdessen gab es ein Umweltdesaster der olympischen Stadtplanung, nicht nur, weil vor der griechischen Küste aus Sicherheitsgründen ständig 35 Kriegsschiffe kreisten.

Die Nichtregierungsorganisationen Greenpeace und WWF – der World Wildlife Fund – vergeben für Umweltpolitik Noten von einem Nuller für sehr enttäuschend bis zu einem Vierer für sehr positiv. Die Benotung gibt es in Bereichen wie umweltfreundliche Bautechnologie, Energieeffizienz und Müllvermeidung. Athen bekam im Schnitt die Note 0,77. Also sehr am unteren und schlechten Ende der Skala. Das war peinlich.

Greenpeace kritisierte unter anderem das Fehlen neuer Windkraftanlagen zur Versorgung des Olympischen Dorfes. Im sonnigen Griechenland war auch Solarstrom Fehlanzeige. Baumaterialien mit PVC und anderen giftigen Substanzen waren erlaubt. Auch für die Verwendung von Holz gab es keinerlei Gütesiegel. Aus den Schinias-Auen, einem einzigartigen ökologischen Gebiet, wurden künstliche Kanäle für die Kanubewerbe. Nein danke. Setzen. Nicht genügend.

Generell behauptet das IOC bis heute in einer Studie, dass 85 Prozent aller Olympiabauten nachhaltig genutzt werden. In Rio de Janeiro sollen es 2016 unglaubliche 93 Prozent gewesen sein. Herangehensweise und Zählweise werden freilich scharf kritisiert. So wird bereits der sonst gar nicht nachhaltige Abriss von Olympiastätten als nachhaltige Nutzung gewertet, weil irgendwann nahe dem Sankt Nimmerleinstag aus den abgerissenen Baustücken Schulen gebaut werden könnten. Egal ob das wirklich geschieht oder nicht. In einem Beitrag der Sportschau des deutschen Fernsehsenders ARD heißt es: „In der Studie zählt eine Sporthalle als nachhaltig genützt, auch wenn diese nur einmal oder zweimal im Jahr verwendet wird."

Bei den auf Athen folgenden Olympischen Winterspielen 2006 im italienischen Turin wurden Biathlonanlage und Bobbahn gebaut, ohne dass später auch nur ein einziges Mal dort ein Wettbewerb stattfand. Wenigstens das will man in Mailand und Cortina d'Ampezzo in der Planung für 2026 nicht wiederholen. Daher sollten Rodeln und andere Eiskanalbewerbe kurzerhand nach Innsbruck oder Sankt Moritz verlegt werden. Was in beiden Fällen unter den voraussichtlich startenden Sportlerinnen und Sportlern durchaus viel Kritik auslöste, da sie Hunderte Kilometer entfernt ohne geographischen und emotionalen Kontakt zu den Winterspielen in ihrer Gesamtheit antreten werden müssen. Dabei hätten die Veranstalter ja gerne in Italien die Eisbahn gebaut. Es fand sich nur kein Unternehmen, das einen nachhaltigen Bau für möglich hielt. 2023 wurde ein Bahnbau in Italien plötzlich trotzdem wieder für möglich gehalten. Oder doch nicht. Es war ein ewiges Hin und Her.

Neue Nationalismen

Doch zurück nach Athen vor fast zwanzig Jahren: 2004 war Griechenland sensationell Fußballeuropameister geworden und feierte die Olympischen Spiele. Wenn auch nicht exakt 100 Jahre nach den ersten Spielen der Neuzeit, sondern mit acht Jahren Verspätung – aber immerhin. Der Nationalstolz bekam erst Kratzer, als griechische Leichtathletikstars beim Doping erwischt wurden. Für diese Sperren wurden vor Ort in Athen Sportorganisationen wüst beschimpft.

Parallel dazu gab es eine weitere „Neuentwicklung" als Wiedergeburt unterschiedlicher Nationalismen. Der russische Präsident Putin forderte sein Nationales Olympische Komitee offiziell auf, die Sportler

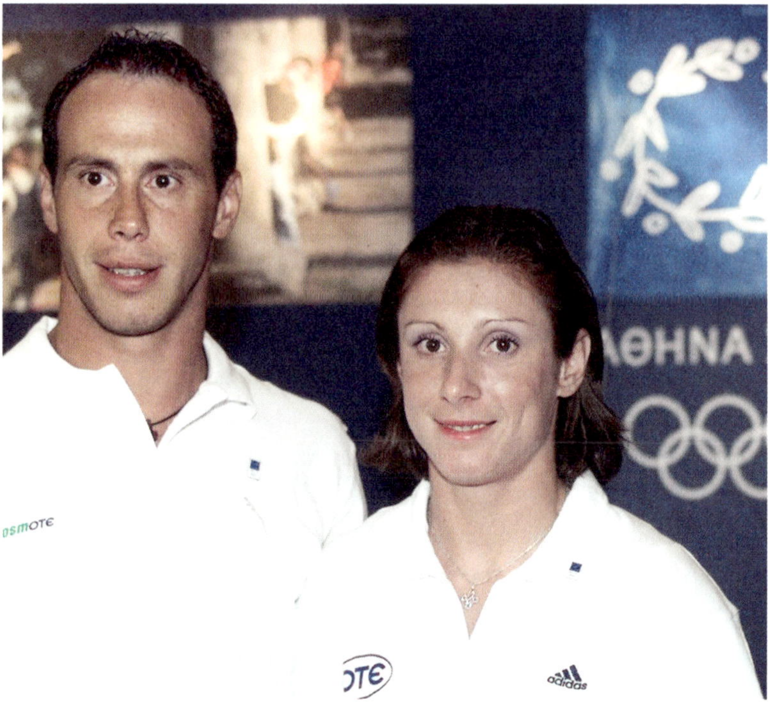

In Sydney 2000 waren sie noch Griechenlands Sportstars: Konstantinos „Kostas" Kenteris, Goldmedaillengewinner im 200-Meter-Lauf, und Ekaterini Thanou, Zweitplatzierte im 100-Meter-Lauf. Vier Jahre später, bei den „Heimspielen" in Athen, flüchteten sie vor einer Dopingkontrolle und wurden suspendiert.

seines Landes in Athen 2004 zum Mitsingen der Nationalhymne anzuhalten. Am Ende der Spiele wurde gestritten und eine staatliche Identitätskrise Russlands ausgerufen, weil es mangels Erfolgen kaum Goldmedaillengewinner gab, die ihre Musikalität beweisen mussten.

Der frühere Ost-West-Konflikt wirkte insofern noch nach, als bereits über den Austragungsort der Spiele acht Jahre später entschieden wurde. Für 2012 waren ursprünglich Olympische Spiele in New York vorgesehen. Wäre New York tatsächlich mit der Veranstaltung betraut worden, hätten allein zahllose Reminiszenzen an den 11. September 2001 – kurz nach den Anschlägen erfolgte der Bewerbungsbeschluss, und alle anderen US-Städte verzichteten freiwillig – ein sensationelles Spektakel des amerikanischen Hurra-Patriotismus garantiert. Doch die Spiele 2012 sollten zum dritten Mal in London stattfinden.

Neben dem neuen russischen Nationalismus war 2004 in Athen ein anderer Gegensatz zwischen einem noch strikt kommunistischen Politik- und Wirtschaftssystem und seinem marktwirtschaftlichen Pendent sehr zwiespältig zu beurteilen. Die Olympische Bewegung jubelte über die Anwesenheit beider Koreas bei den Spielen. Was bis in die Jetztzeit sehr zu relativieren ist, denn Nordkorea litt unter einem grausamen Diktator. Kim Jong-il setzte die Herrschaft und den Führerkult seines Vaters fort und sollte sie später wiederum auf seinen Sohn übertragen.

Hinzu kamen Sportler und eine Sportlerin aus dem Irak im Bürgerkrieg, nachdem zuvor angeblich der Sohn Saddam Husseins Athleten systematisch gefoltert hatte, wenn ihm ihre Leistungen nicht passten. Gleichzeitig freute sich der Irak über seine Selbstfindung infolge eines fußballerischen Semifinales. Die Kicker aus dem Irak hatten sich in der olympischen Gruppenphase gegen Costa Rica, Marokko und Portugal durchgesetzt. Es folgte ein 1:0 im Viertelfinale gegen Australien, um letztlich mit 1:3 gegen Paraguay auszuscheiden.

Doch lagen für Zeitungsschlagzeilen Vergleiche mit dem völlig überraschenden Europameistertitel für Griechenlands Kicker im selben Jahr auf der Hand. Obwohl der unmittelbare Sinn solcher Parallelen für die unter Beschuss stehenden Menschen in Nadschaf und angesichts des Gerüchts der regelmäßig verprügelten Mannschaft bezweifelt werden dürfen.

Gleichzeitig verkündete in Athen der iranische Judoweltmeister Ārash Miresmāeli mit ihn zum Volkshelden machender staatlicher (Propaganda-)Unterstützung, nicht gegen einen Israeli kämpfen zu wollen. Im Iran wurde und wird der Staat Israel abgelehnt. Ein eigenes Gesetz besagt, dass iranische Athleten es zu verweigern hätten, „gegen Sportler des zionistischen Regimes anzutreten, das der Menschheit nur Besatzung, Mord und Aggression beschert hat, weil das ist respektlos gegenüber den Rechten der Tausenden von Märtyrern".

Die Olympischen Spiele waren nicht nur 1972 im Nahostkonflikt angekommen. Sondern sie stecken dort endgültig und bis heute. Die zitierte Positionierung des Irans bezieht sich auf Sportbewerbe, erklärt jedoch genauso die Rolle des Irans auf Seiten der Terroranschläge der Hamas gegen Israel 2023.

Geld statt Menschenrechte

Die Olympischen Spiele in Peking 2008 blieben durch die acht Goldmedaillen des Schwimmers Michael Phelps in Erinnerung. Zugleich waren es Propagandaspiele der Kommunisten aus der Volksrepublik China. Diese wollte sich mit dem größten Medienereignis des Planeten als weltoffen, friedlich und demokratisch präsentieren. Wie jedoch passte das zu den Verletzungen der Menschenrechte?

Gar nicht. Bereits vier Jahre vorher in Athen hatten national unterdrückte Gruppen versucht, Öffentlichkeitswirkung zu erzielen. Zum Beispiel taten das vor Ort Menschenrechtsaktivisten aus Tibet – Tibet war von der Volksrepublik China besetzt. Im Olympiajahr war die chinesische Regierung für Hunderte Tote in Tibet verantwortlich.

Alltag in Peking waren keine Einreise für unerwünschte Gäste, wenig Bewegungsfreiheit für Journalistinnen und Journalisten, ein zensierter Internetzugang sowie Umweltschäden. Hatten die Olympiafunktionäre angesichts des gigantischen Marktes in China Dollarzeichen vor den Augen? Sponsoren und Fernsehstationen zahlten jedenfalls im Geschäftszeitraum von 2005 bis 2008 mehr als 4,5 Milliarden Dollar und waren an Peking als Veranstaltungsort interessiert.

Die Doppelmoral schwacher Boykottdiskussionen war seltsam. Gegen einen echten Boykott sprachen 792 plus 969 Milliarden gute Gründe. Das war vor 2008 der Gesamtwert chinesischer Importe und Exporte in harten Dollars. Wer meint, dass Olympische Spiele in der Hauptstadt des gigantisch großen China eine sportliche Entscheidung waren, sollte sich um die goldene Langnase für Naivität bewerben.

Für China bedeutete die Veranstaltung die endgültige Abkehr einer von Mao Tse-tung 1956 begonnenen Isolationspolitik im Sport. Der internationale Prestigegewinn durch erwartbare Seriensiege im Turnen und Tischtennis war verlockend. Für zusätzliche (und 2008 letztlich nicht gelungene) Erfolge in der Leichtathletik waren fast alle Mittel recht. Schon früher sorgten etwa Langstreckenläuferinnen des Trainers Ma Junren mit Weltrekorden für Aufsehen. „Schildkrötenblut" hätten angeblich die Erfolge begründet. Es war aber das Dopingmittel EPO. Trainer Ma hatte Sportlerinnen geohrfeigt, wurde lebenslang gesperrt und zum Kampfhundezüchter.

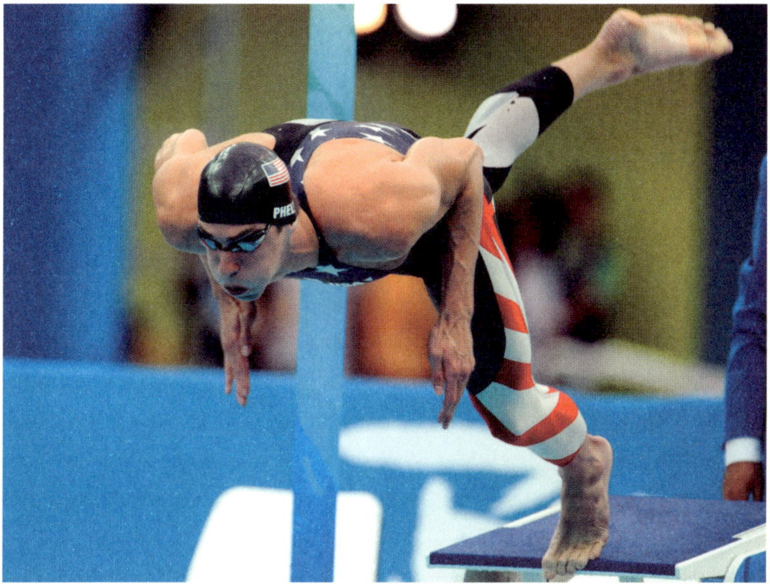

US-Schwimmstar Michael Phelps, hier beim Start über 200 Meter Freistil, ging mit seinen acht olympischen Goldmedaillen in Peking 2008 in die Geschichte ein.

Doch die Rechnung 2008 ging mit oder ohne Doping auf. Zwar scheiterte der große Leichtathlet Liu Xiang. Der Olympiasieger, Weltmeister und Weltrekordler im 110-Meter-Hürden-Lauf musste nach einem nicht von ihm verursachten Fehlstart im Vorlauf wegen einer Achillessehnenverletzung zum Entsetzen der ganzen Nation aufgeben.

Trotz eines fehlenden Sieges in der Leichtathletik gewannen Chinas Sportlerinnen und Sportler mit 48 Goldmedaillen aber mehr als alle aus irgendeinem anderen Land.

2022 sollten daraufhin sogar die Olympischen Winterspiele in Peking stattfinden. Weil das ein klassischer Skiort ist? Oder wegen des vielen Geldes? Ganz sicher Zweiteres.

Die chinesische Olympiageschichte

Ebenso seltsam war und ist die grundsätzliche Kehrtwende des IOC im Fall China. Diese Wende war historisch gesehen doppelt doppelmoralisch, weil es nach dem Zweiten Weltkrieg bald zwei chinesische Staaten gab, die beide keine Demokratien waren.

Nach der Niederlage im Bürgerkrieg gegen die Kommunistische Partei Mao Tse-tungs und der Gründung der Volksrepublik China auf dem Festland flüchteten 1949 die einstige Regierung, Eliten und Streitkräfte der bisherigen Republik China auf die Insel Formosa. Dort entstand als Taiwan – formal weiterhin Republik China – ein Einparteiensystem mit der von Tschiang Kai-schek geführten Staatspartei Kuomintang. Taiwan wurde im Kampf gegen den Kommunismus von den USA massiv militärisch und wirtschaftlich unterstützt.

In seiner Lebenslüge vom unpolitischen Sport vollführte das IOC seit 1949 eine Gratwanderung. Lange Zeit wurde wie im Sicherheitsrat der UNO das sich Republik China nennende Taiwan anerkannt; für westliche IOC-Mitglieder war opportun, was der chinesischen Isolationspolitik der USA entsprach. Demgegenüber setzte sich der kommunistische Block im IOC für die Volksrepublik ein. Kaum wechselten die Amerikaner zur Pingpong-Diplomatie und entfernte sich die UdSSR vom Bruderstaat, verschoben sich unter den vermeintlich unabhängigen Mitgliedern des IOC deren Fronten.

Sowohl Mao Tse-tung als auch Tschiang Kai-schek waren Diktatoren. Dasselbe galt für beider Nachfolger, und in beiden Staaten wurden Menschenrechte gebrochen. Paradox war freilich, dass der Volksrepublik China und deren Olympiateilnahme ausgerechnet dann gehuldigt wurde, als Taiwan zunehmend demokratisiert wurde. Wovon in der Volksrepublik keine Rede war.

Der bereits genannte IOC-Präsident Avery Brundage, vor Berlin 1936 nachweisbar ein Antisemit, erhielt von der Gegenseite den fragwürdigen Ehrentitel „treuer Lakai der US-amerikanischen Imperialisten". Nachdem der Inselstaat Taiwan vorübergehend von Olympia ausgeschlossen wurde, änderte das IOC via Brundage und auf Druck eines mächtigeren Präsidenten namens Dwight D. Eisenhower seine Meinung in Richtung Neuaufnahme.

Nachdem Richard Nixon 1972 die Volksrepublik China besuchte und deren diplomatische Anerkennung wollte, wendete sich das Blatt des IOC neuerlich. 1976 in Montreal verweigerte Kanadas Regierung den Sportlerinnen und Sportlern aus Taiwan die Einreise, und das IOC beugte sich der Politik. 1979 wurde die Volksrepublik wieder in das IOC aufgenommen. Längst hatten alle Beteiligten angesichts des Milliardenmarktes China goldene Augen.

Der aktuelle Punkt 2008 war, wie dasselbe IOC uns glauben machen wollte, dass die Vergabe der Olympischen Spiele nach Peking unabhängig von wirtschaftlichen Interessen seitens der USA und anderen sowie bei guter Kenntnis aller Probleme erfolgt ist. Das Ziel, auch die Olympischen Spiele 2000 in Peking auszurichten, hatte China nicht erreicht. Unter anderem war ruchbar geworden, dass seit 1980 250.000 Kinder ihren Eltern weggenommen worden waren, um zu Olympiasiegern gezüchtet zu werden.

Die Doppelmoral der drei chinesischen Affen

Dabei drückte sich die Olympische Bewegung lange vor den in China stattfindenden Spielen davor, klar gegen die Verletzung der Menschenrechte durch die chinesische Regierung Stellung zu nehmen. 1980 war der „Platz des himmlischen Friedens“ in Peking von einer demokratischen Studentenbewegung besetzt worden. Der Tian‘anmen-Platz selbst wurde ohne Tote geräumt, doch abseits regierte die Gewalt der Regierung. Presseberichte sprachen unter Berufung auf das chinesische Rote Kreuz von 2.600 Toten und 7.000 Verletzten in Peking.

Im Olympiajahr 2008 hatte das chinesische Regime Hunderte Tote in Tibet zu verantworten. Jaques Rogge, damaliger Präsident des IOC, hat in der Vorwoche der Olympischen Spiele zugegeben, man hätte ein Problem. Beim olympischen Fackellauf erreichten Proteste gegen Menschenrechtsverletzungen in Peking und ganz China eine derartige Dimension, dass sogar Sportfunktionäre trotz ihrer traditionellen Vogel-Strauß-Politik den Kopf vorübergehend aus dem Sand nahmen. Politiker, vom französischen Staatspräsidenten bis zum österreichischen Sport-Staatssekretär, hatten schneller reagiert und in dem medienwirksam geplanten Boykott der Eröffnungsfeier ein privates Exitszenario gefunden.

Kaum jemand hat kritisiert, dass es den Fackellauf weder in der Antike noch zur Wiedereinführung der Olympischen Spiele 1896 gab. Erfunden wurde er 1936 für die Propagandaspiele der Nazis in Berlin unter der Ägide von Reichsminister Joseph Goebbels.

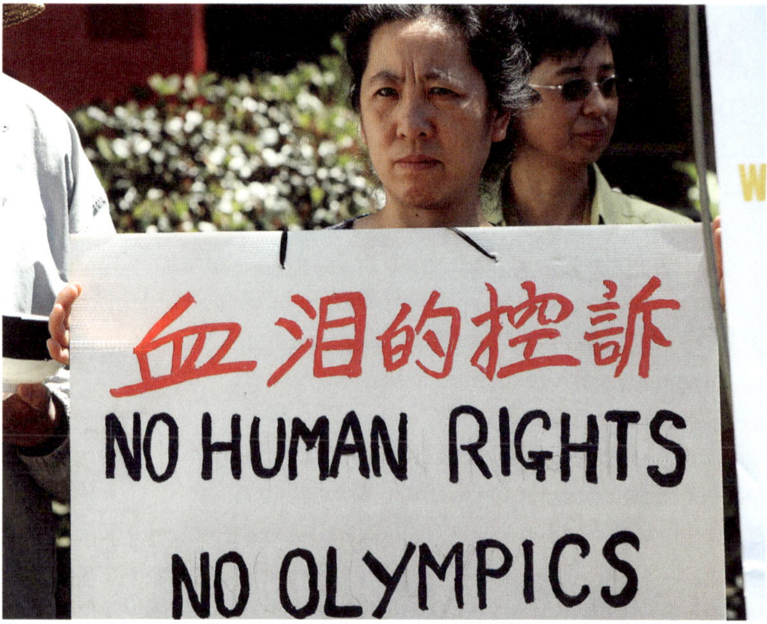

Protest im Vorfeld der Olympischen Spiele in Peking 2008.

Hatte sich wirklich erst vor den Spielen herumgesprochen, dass das Thema Demokratie in China nicht prioritär behandelt wurde? Die späte Entdeckung dieser Tatsache anlässlich des Niederschlagens von Mönchen in Tibet und der Weigerung, die UN-Hochkommissarin für Menschenrechte ins Land zu lassen, zeugte von schwacher Denkleistung oder gewaltigen Verdrängungsmechanismen.

Robert Ménard, Gründer von Reporter ohne Grenzen, nannte den IOC-Präsidenten Jaques Rogge deshalb einen Lügner, nachdem er ihm vor langer Zeit eine Liste politischer Gefangener in der roten Volksrepublik übergeben hatte. Genauso fragwürdig waren die Rechtfertigungen des IOC, ein Boykott der Olympischen Spiele würde nichts bringen. Mit diesem Argument wären symbolische Maßnahmen gegen alle Diktatoren der Welt abzulehnen, solange diese fest genug im Sattel sitzen. Falls ein Protest wenig hilft, ist er vielleicht dennoch eine Hilfe, um nachher in den Spiegel schauen zu können. Doch war das Prinzip der drei chinesischen Affen bequem: Nichts hören, nichts sehen, nichts reden!

Das dritte London

Gut ist es gegangen, nichts ist geschehen: Die 2012 zum dritten Mal in London stattfindenden Olympischen Sommerspiele verliefen für Österreich medaillenlos und für die ganze Welt politisch fast ereignislos. Doch das ist nur die halbe Wahrheit. Das Veranstalterland, früher ein Weltreich, schaffte ein Comeback. Großbritannien konnte die Spiele zur nationalen Identitätsstiftung nutzen. Fast wie das „Wir sind wieder wer!", als Deutschland 1954 Fußballweltmeister wurde. Nur zum Glück ohne Schreckensherrschaft davor.

Aus dem einstigen „Empire" des britischen Löwen war im 21. Jahrhundert ein weltpolitisch bestenfalls brüllendes Kätzchen geworden. 2012 folgten 65 olympische Medaillen, davon 29 in Gold sowie viele in der prestigeträchtigen Leichtathletik, und plötzlich sah man sich wieder als Mittelpunkt des Erdballs. Als der aus Somalia stammende und später zum Sir geadelte Mo Farah den 5.000-Meter- und 10.000-Meter-Lauf gewann, entstanden legendäre Fernsehbilder. Live während des Kommentierens flippten unter anderem die frühere Siebenkämpferin Denise Lewis und der Hürdensprinter Colin Jackson komplett aus. Von britischem Understatement keine Spur. Nicht nur im Stadion, sondern an öffentlichen Plätzen und im Hyde Park fieberten Zehntausende brüllend mit.

In den Schatten gestellt wurde Farah nicht einmal von Sprintikone Usain Bolt aus Jamaika. Sondern höchstens vom kenianischen Favoriten im 800-Meter-Lauf David Rudisha. Läufe über 800 Meter sind, speziell bei Meisterschaften, normalerweise der Inbegriff von Taktikrennen mit Sprintfinish. David Rudisha allerdings lief einfach so schnell er konnte, als „Frontrunner" vom ersten Schritt an. Weltrekord. Der beeindruckendste Mittelstreckenlauf aller Zeiten.

Zur sportlichen Spannung kam die vermeintlich positive Bilanz, dass die dritten Spiele in London am ehesten dem olympischen Ideal nahegekommen seien. Es gab keine dramatischen politischen Ereignisse, welche alles in den Schatten stellten. Zusätzlich wurde die Nachhaltigkeit anhand von Verkehrsprojekten und der Erneuerung von Stadtvierteln betont. War da wirklich alles Gold, was angeblich glänzte?

Obwohl politisch alles vermeintlich voller Harmonie war, sprach die deutsche Bundeszentrale für politische Bildung von einem Wettkampf um die Sicherheit: „London gleicht einer Festung: Luftabwehrraketen auf Hochhäusern, Kampfjets in Alarmbereitschaft und ein Kriegsschiff auf der Themse." Eine Klage von Londonern gegen die Raketen auf dem Dach des eigenen Wohnhauses – wer will das schon haben ? – wurde übrigens vom britischen Höchstgericht abgewiesen. Rund 40.000 Polizeikräfte und Soldaten waren seit München 1972 ohnedies quasi Standard. In London aber wurden besonders große Teil der Stadt zur militärischen Sperrzone.

Als Vorzeigeprojekt galt die Umwandlung des Arbeiterbezirkes Stratford zum Olympischen Dorf und später in eine bessere Wohngegend. Seitens der Bundeszentrale wurde das Ergebnis kritisch so zusammengefasst: „Zwar ist das Stadtbild deutlich verschönert worden, doch die sozioökonomischen Indikatoren bleiben weiterhin schwach: Stratford hat traditionell eine hohe Arbeitslosigkeit, große Armut und hohe Kriminalität."

Die ursprünglich ansässigen Menschen konnten sich zudem die Mietpreise nun nicht mehr leisten. Soziale Unterschiede wurden im Londoner East End verstärkt statt verringert. Schuld daran waren die Olympischen Spiele. Somit wurde von den Säulen der Nachhaltigkeit, zu denen neben dem Umwelt- und Klimaschutz vor allem die soziale Verantwortung zählt, mindestens eine nicht wirklich gebaut.

Der Karneval von Rio im Nord-Süd-Konflikt

2016 fanden in Rio de Janeiro Olympische Spiele zum zweiten Mal in einem Land der Dritten Welt statt – nach Mexiko 1968. Südkorea als einer der „vier kleinen Drachen" – neben Hongkong, Singapur und Taiwan – hatte 1988 längst den Aufstieg vom Entwicklungsland zur modernen Industrie- und Kommunikationsgesellschaft geschafft.

Das nunmehrige Veranstalterland Brasilien war mit einer Bevölkerung von über 200 Millionen Menschen fünftgrößter Staat der Welt. Wirtschaftlich rangierte man aber unter ferner liefen: Beim Pro-Kopf-Einkommen lag Brasilien auf Platz 75, die Inflationsrate als

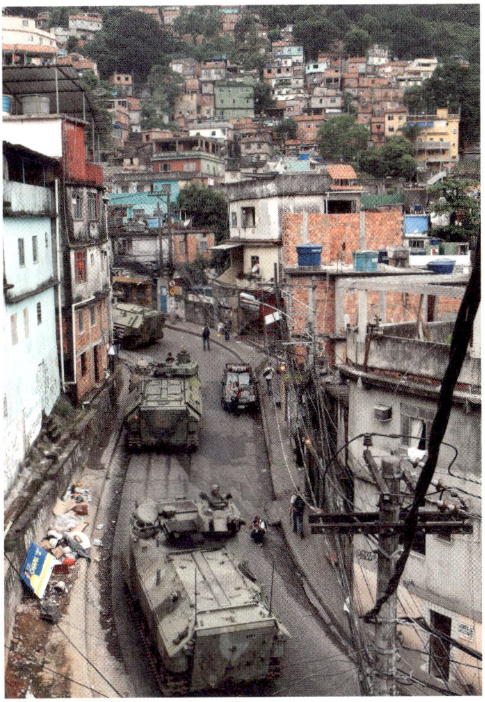

Das brasilianische Militär bei einer Patrouille in Rocinha, einem der Slums von Rio de Janeiro, im Vorfeld der Spiele 2016.

jährliche Geldentwertung betrug zu dieser Zeit fast zehnmal mehr als in Österreich, und es gab kein Wachstum. Folgerichtig konnten sich jede Menge Menschen in Brasilien den Luxus des Zuschauens bei den Olympischen Spielen weder zeitlich noch finanziell leisten. Viele Stadionplätze blieben leer. Das führt zur Frage, wie sinnvoll Brot-und-Spiele-Spektakel inmitten von Armut sind, wenn sie bis zu 5 Milliarden US-Dollar kosten.

Die Favelas als Armenviertel von Rio de Janeiro wurden zugunsten der Olympischen Spiele geschleift. Es häuften sich Berichte, dass dies oft ohne Entschädigung geschah. Bei den tatsächlichen oder auch nur angeblichen Modernisierungsbauten häuften sich die Korruptionsfälle. Überbordende Kriminalität einerseits und ein durch Mückenstiche übertragbares sowie Babys tötendes Zikavirus stellten die Olympischen Spiele fast in Frage.

Nach den Olympischen Spielen in Rio de Janeiro 2016 waren sowohl die Stadt als auch der gleichnamige Bundesstaat finanziell am Ende. Woran man das merkte? Die Gehälter von öffentlich Bediensteten konnten nicht bezahlt werden. Die U-Bahn durfte nur noch zeitweise fahren. In Krankenhäusern gab es bloß eingeschränkten Betrieb. Und sogar der Polizei fehlte das Geld für das Benzin ihrer Autos.

Gewinner der Kommerzialisierung waren das IOC und Großkonzerne. Der Fernsehsender NBC sowie Top-Sponsoren zahlten jeweils über eine Milliarde Dollar, doch wegen des Werbewertes ging die Rechnung für sie auf. Auch den Vorwurf, Olympia würde sich nur in Metropolen reicher Länder ereignen, konnte man ihnen 2016 nicht machen. So diente ein Veranstalter genau wie Sportlerinnen und Sportler aus der Dritten Welt quasi der Volksbelustigung. Ein Karneval sozusagen, für den Rio ja schon vorher weltberühmt war.

2016 war es Kommunikationsstrategie, im – oft mit unfairen Buhrufen gegen Nichtbrasilianerinnen und -brasilianer vermischten – Sportjubel die Politik zu verheimlichen: Brasilien war am Rande der Unregierbarkeit, weil gegen Präsidentin Dilma Rousseff ein Amtsenthebungsverfahren lief. Sie war suspendiert, ihr Stellvertreter und Möchtegern-Nachfolger Michael Temer hatte Umfragewerte von weniger als fünf Prozent. Die Pfiffe gegen ihn bei der Eröffnung der Olympischen Spiele bekämpften die Organisatoren mit lauter Musik. Später sollte der Populist Bolsonaro an die Macht kommen. Ein typisches Beispiel dafür, dass nichts Besseres nachkommt.

Spiele der Flüchtlinge

Die brasilianischen Spiele als Politikum hatten freilich zugleich gute Seiten: Es durfte ein Flüchtlingsteam unter olympischer Flagge antreten und bei der Eröffnungsfeier als vorletzte Mannschaft unmittelbar vor den Veranstaltern einmarschieren – das war symbolisch wichtig. Sportlerinnen und Sportler können nichts dafür, wenn sie aufgrund von Kriegen aus ihrem Land weglaufen müssen und aus diesem Grund für keine Nation an den Spielen teilnehmen dürfen.

Weltberühmt und vielfach preisgekrönt wurde der Film „Die Schwimmerinnen“ über die wahre Geschichte von Yusra Mardini, die

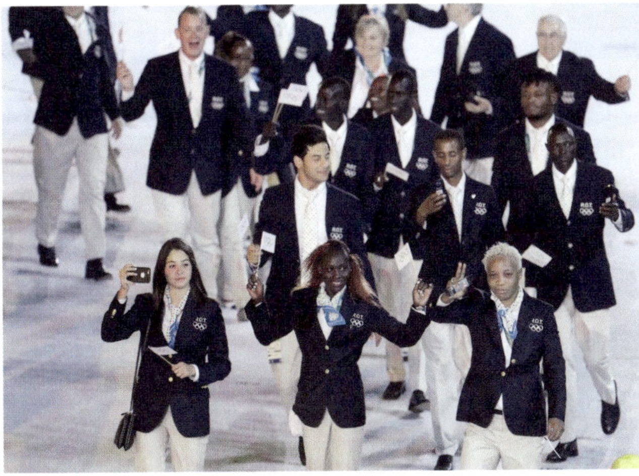

Das Olympische Flüchtlingsteam bei der Eröffnungsfeier der Spiele in Rio de Janeiro 2016.

unter Lebensgefahr mit ihrer Schwester Sarah über das Mittelmeer und quer durch Osteuropa nach Deutschland flüchtete. Dort lernte sie einen Schwimmtrainer kennen, der sie zur Erfüllung ihres Mädchentraums motivierte: Die Teilnahme an den Olympischen Spielen war ihr als Mitglied der „Refugee Olympic Athletes" möglich. Ein Positivbeispiel dafür, dass das IOC auch menschlich handeln konnte, im Interesse seiner Ziele Frieden, Völkerverständigung und Antidiskriminierung.

Positive Aufmerksamkeit bekamen die Flüchtlinge, weil eine Befürchtung sich nicht bewahrheitete: Terroranschlag gab es keinen. Also war aus politischer Sicht der Dopingstreit und Teilausschluss des russischen Olympiakaders der größte Aufreger. Nach staatlich organisiertem Seriendoping bei den Winterspielen in Sotschi 2014 durften bis auf Darya Igorevna Klishina als Ausnahme keine russischen Leichtathletinnen und Leichtathleten teilnehmen.

Schwimmerinnen mit einer nachweislichen Dopinggeschichte wie Yuliya Yefimova gingen hingegen ohne Probleme an den Start. Und Yefimova gewann die Silbermedaille über 100 Meter Brust. Das Argument, es würde genauso gedopte Amerikaner geben, war sicher nicht in allen Fällen falsch und dennoch kurzsichtig: Es macht einen Unterschied, ob das politische System Doping organisiert, um Olympiasiege nationalistisch zu feiern. Wer die Spiele ehrlich entpolitisieren will, hätte Russland und ein paar andere Länder schon in Rio de Janeiro zur Gänze hinauswerfen müssen.

Die Liste der erfolgreichsten Sportler führte nochmals Michael Phelps mit fünfmal Gold und einmal Silber an, vor seiner amerikanischen Schwimmkollegin Katie Ledecky und der Turnerin Simone Biles, die auch aus den USA kam. Was aber hatten Brasilien und ärmere Länder – drei weitere Goldmedaillen für den Jamaikaner Usain Bolt lassen wir beiseite – von den Olympischen Spielen als Bühne amerikanischer Sporttriumphe?

Erste, Zweite und Dritte Welt

In den Sechzigerjahren war es ein Aufschwung für die Olympischen Spiele gewesen, dass durch die Unabhängigkeit vieler Staaten in Afrika, Asien und Lateinamerika eine ganze Reihe neuer Teilnehmerländer hinzukam. Doch das hing auch mit der Geschichte des Krieges zusammen: Nach dem Ende des Zweiten Weltkriegs wurden über fünfzig Kriege als Kolonialkriege zur Erlangung der Unabhängigkeit geführt. Oder als postkolonialer Krieg zur Bewahrung derselben. Das IOC hat in keinem einzigen dieser Kriege auch nur Teilerfolge als Friedensstifter erzielen können.

Vor allem jedoch sind Olympische Spiele ein grausamer Krieg von Reich und Arm. Noch 1972 – zum Beispiel – bestand das IOC aus 74 Mitgliedern, von denen 55 aus „reichen" Ländern des Nordens kamen und Repräsentanten des Adels waren, des Militärs, des vermögenden Großbürgertums und der Kirche. Neun Mitglieder kamen aus dem Ostblock. Die Vertreter der zehn Länder des Südens gehörten ausnahmslos der in ihrem Land herrschenden und fast immer wenig demokratiebewussten Oberschicht an.

1992 war die Zahl der Mitglieder aus Entwicklungsländern im IOC nominell auf über 40 gestiegen, doch waren und sind diese für eine zum Großteil unter der Armutsgrenze lebende Bevölkerung nicht repräsentativ. 2016 beziehungsweise 2023 bestand das IOC aus 151 Personen. Klammert man die arabischen Ölemirate sowie reiche Stadtsaaten wie Singapur aus, so sind selbst bei großzügiger Zählweise nun sogar weniger als 40 Mitglieder aus Entwicklungsländern. Dieser Teil der Welt ist also nur zu einem Anteil von rund einem Viertel vertreten.

Nach den Olympischen Sommerspielen 2016 in Brasilien musste man sich fragen: Sind ärmere Länder des Südens unserer Weltkugel nur zur Behübschung der Olympischen Spiele da? Oder bieten ihnen diese auch eine echte Profilierungschance? Wohl kaum; die Olympischen Spiele 1968 in Mexico City waren die ersten, in denen kein modernes und reiches Industrieland Veranstalter war, und Brasilien folgte erst fast ein halbes Jahrhundert später.

Wobei es im Grunde nur eine Halbwahrheit ist, dass die Olympischen Spiele jemals in der sogenannten Dritten Welt angekommen sind: Sowohl Mexiko als auch Brasilien zählten zu den Schwellenländern, welche sich zum Zeitpunkt ihrer Spiele beim „Take-off", bei der Abgrenzung von den wirklich armen Staaten befanden. Zudem waren in Rio de Janeiro die Augen der Weltöffentlichkeit höchstens bei der Eröffnungsfeier auf die olympische Gesamtheit der Nationen gerichtet. Sonst blickte man auf die kleine Minderheit der Medaillengewinner.

Hier hat sich immer und bis heute die Dominanz der Ersten Welt gezeigt. Dazu zählen alle Industrienationen mit hohem Lebensstandard wie die sieben größten Volkswirtschaften des Westens und der OECD, also die USA, Japan, die Bundesrepublik Deutschland, Großbritannien, Frankreich, Italien und Kanada, plus die meisten anderen westeuropäischen Länder sowie Australien und Neuseeland. In Asien gehört auch Südkorea dazu. Zweite Welt beschreibt ehemals kommunistische Staaten und somit die UdSSR und alle ihre Verbündeten während der Zeit des Ost-West-Konfliktes. Dritte Welt und oft differenzierter eine Vierte und Fünfte Welt meinen die ärmeren Entwicklungsländer des Südens.

Sieht man sich den Medaillenspiegel der Olympischen Spiele in Mexico City und Rio de Janeiro an, so wird klar, dass Sportlerinnen und Sportler aus der Ersten und Zweiten Welt bis zu 90 Prozent aller Olympiamedaillen gewonnen haben. Zählt man nur Siege, so waren es ebenfalls über 80 Prozent, also vier Fünftel. Da erübrigt sich jeder Kommentar, wem die Spiele nutzen – politisch, wirtschaftlich und sportlich.

Regionalspiele

In der Zwischenkriegszeit begann eine Tendenz zur Häufung regionaler Spiele unter Schirmherrschaft des IOC, die sich nach dem Zweiten Weltkrieg noch verstärkte: Afrikaspiele, Asienspiele, Amerikaspiele und so weiter. Hinzu kamen später als interkontinentale Sportereignisse Commonwealth Games und Mittelmeerspiele.

Die Geschichte der Regionalspiele war zunächst um nichts weniger übel als der Rassismus auf gesamtolympischer Ebene. Kolonialherren bestimmten eine getrennte Teilnahme von Weißen und Schwarzen, nachdem man von der genauso üblen Idee von „Eingeborenenspielen" abgekommen war – was immer das genau hätte sein sollen.

Politisch haben sich Staaten, die weder zur „westlichen" NATO und OECD noch zum kommunistischen Warschauer Pakt und dem Rat für gegenseitige Wirtschaftshilfe (RGW oder COMECON) des Ostblocks zählten, in der „Bewegung der Blockfreien Staaten" als Suche nach einem Dritten Weg im Ost-West-Konflikt formiert. Führend waren dabei Jugoslawien, Ägypten und Indien mit den Staats- und Regierungschefs Josip Broz Tito, Gamal Abdel Nasser und Jawaharlal Nehru. Daraus resultierte der Vorschlag einer GANEFO als „Games of the New Emerging Forces". Hier stand – im Unterschied zu dem die Verknüpfung von Sport und Politik leugnenden IOC – eine politische Absicht dahinter. Dennoch blieb die Süd-Süd-Kommunikation beschränkt. Großartige Solidarität unter den Entwicklungsländern wurde damit noch weniger ausgelöst. Auch weil Teilnehmerinnen und Teilnehmer an den vom IOC nicht anerkannten GANEFO für die Olympischen Spiele gesperrt wurden.

Das Ende der GANEFO kam endgültig zustande, weil durch die zunehmenden Erfolge afrikanischer Läufer sowie kubanischer Boxer bedeutende Sportnationen kein Interesse mehr an diesen Spielen der Blockfreien zeigten, sondern auf der ganz großen Olympiabühne mitspielen wollten. Heute stehen diese Regionalspiele oft im Zeichen der Vorbereitung eines Kontinents oder eines Landes, das die globalen Olympischen Spiele ausrichten will.

KAPITEL 8

Vom jahrzehntelangen Doping bis nach Corona 2021

In der jüngeren Vergangenheit oder im Grunde bereits mit dem Ende des Kalten Krieges als olympisches Hauptthema bei den Olympischen Sommerspielen 1988 ergab sich eine neue und zuvor verdrängte Herausforderung, welche direkt oder indirekt auch viele politische Bezüge hatte: Es ging und geht um Doping. Man kann seit den Erfolgen Paavo Nurmis in den Zwanzigerjahren davon ausgehen, dass eine Vielzahl der Olympiasiege und Weltrekorde in den Ausdauerdisziplinen Leichtathletik und Schwimmen sowie in Kraftsportarten wie Gewichtheben mit unerlaubten Dopingmitteln errungen wurden.

Die Diskussionen um einen möglichen und letztlich nicht zur Gänze vollzogenen Ausschluss Russlands von Sportbewerben und Olympischen Spielen aus politischen Gründen nach dem Beginn des russischen Angriffskriegs in der Ukraine haben aber in den Hintergrund gedrängt, dass zur Regierungszeit von Vladimir Putin bisher Russland staatlich organisiertes Doping nachgewiesen wurde. Das hatte Sanktionen zur Folge, insbesondere seitens des Leichtathletikverbandes, welche auch auf olympischer Ebene angewendet wurden. Ganz ausgeschlossen wurde das Land von Olympia deshalb aber nicht. Weil es um Einzelfälle geht? Nein. Der Umgang mit gedopten Sportlerinnen und Sportlern ist voller Schein- und Doppelmoral.

In der UdSSR, der DDR oder der Volksrepublik China waren allerlei Dopingprogramme stets Teil des sportpolitischen Alltags. Ist es nicht naiv, anzunehmen, dass so etwas heute in diktatorischen oder semidemokratischen Ländern nirgendwo vorkommt? Grund des Staatsdopings ist natürlich der Medaillenspiegel als Auflistung der Gold-, Silber- und Bronzegewinner nach Nationen. Diese – vom IOC offiziell „verbotene" – Statistik verlockt, den Siegen mit Tabletten, Spritzen und Bluttransfusionen nachzuhelfen.

Die Bösen sind dabei immer die anderen: Vor den Spielen in Seoul 1988 gab es Aufregung über das Doping im kommunistischen „Ostblock". Nachher tat man überrascht, dass der Kanadier Ben Johnson erwischt wurde. In Wahrheit sahen alle medizinischen Laien, dass die früheren Kleiderschränke eines 100-Meter-Laufes sich ihre Muskelpakete mit Medikamenten antrainiert hatten. Niemand kann auf natürlichem Weg in relativ kurzer Zeit den Umfang seines Bizepses und der Oberschenkel ohne Doping derart vergrößern.

Der britische Sprinter Linford Christie, 1992 in Barcelona Olympiasieger, musste später nach einem positiven Dopingtest zurücktreten und arbeitete fortan als Trainer. Ebenso gedopt war Justin Gatlin aus den USA, der 2004 Christies Nachfolger als Olympiasieger wurde – doch für „westliche" Sportlerinnen und Sportler drückten lange Zeit viele ein Auge zu, was auch für wenig misstrauische Medienberichte galt.

Was den vergleichsweise schlaksigen Rekordsieger Carl Lewis betraf, so beschreibt erst viele Jahre nach seinem Karriereende ein Zeitungsbericht die Situation treffend: „2003 kam heraus, dass er im Vorfeld der Spiele von Seoul 1988 positiv getestet worden war. Er soll die Substanzen Ephedrin, Pseudoephedrin und Phenylpropanolamin eingenommen haben. Nach Überzeugung des US-amerikanischen Olympischen Komitees war es ein Versehen. Der Fall wurde deshalb verschleiert. Lewis durfte an den Spielen teilnehmen. Er behauptet bis heute, er habe nur ein Kräutermedikament genommen."

Die Bösen sind immer die anderen

Sogar das leidige Dopingthema ist vor allem nationalistisch geprägt. Journalistische Verdächtigungen implizieren oft den Vergleich „sauberer Lichtgestalten" aus der Heimat versus ausländischer Überraschungssieger mit scheinbar schmutzigem Umfeld. In

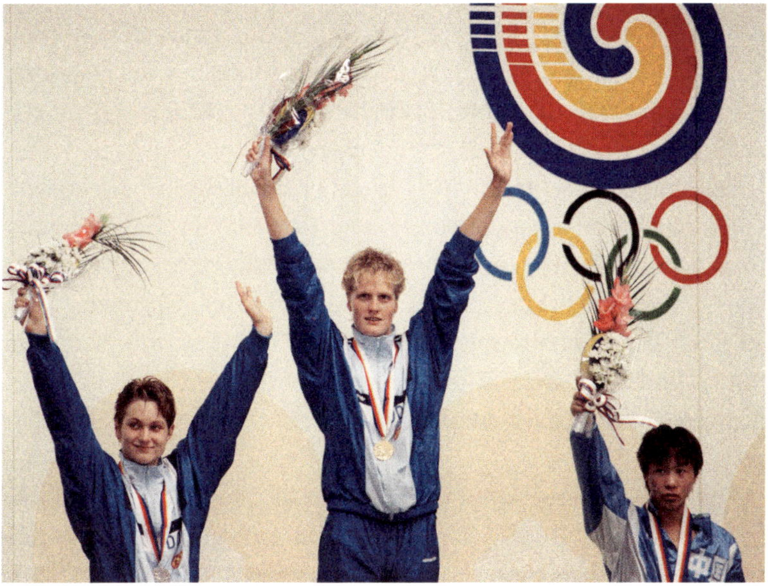

Kristin Otto war bei den Spielen 1988 als sechsfache Goldmedaillengewinnerin im Schwimmen der Superstar der DDR. Erst später wurde das systematische Staatsdoping, gerade im Schwimmsport, öffentliches Thema. Otto bestritt, jemals gedopt zu haben.

der Bundesrepublik Deutschland beispielsweise entwickelte sich im Lauf der Zeit eine sehr kritische Position zum Doping. Mit Verzögerung, denn der damalige DDR-Goldfisch Kristin Otto wurde nach der Wiedervereinigung prompt in Westdeutschland als Fernsehmoderatorin des ZDF genauso zum Publikumsliebling. Das Doping aller Schwimmerinnen mit speziell für Frauen schrecklichen Folgen wurde erst Jahre danach thematisiert.

Gegen Dieter Baumann, Laufolympiasieger 1992, gab es später ein Dopingurteil. Herzblatt der Medien und Fans blieb er, weil ihm angeblich bloß jemand etwas in die Zahnpasta gegeben hatte. Dem im Radfahren olympisch vergoldeten Jan Ullrich wurde geglaubt, ein gemeiner Fremder habe in der Diskothek sein Getränk mit Dopingmitteln verunreinigt. Das war pubertär, als würden Jugendliche besoffen nach Hause kommen und den Eltern Ähnliches erzählen.

Vor dem späten Eingeständnis, dass Ullrich einer der schlimmsten Doper war, schimpften deutsche Pseudojournalisten ausschließlich über hinterlistige Italiener und betrügerische Spanier. Das ist Nationalismus pur, wozu eine Prise Rassismus kam. Nach Ben Johnson galt Schnellkraftdoping vorerst als Sache schwarzer Wundersprinter mit beschränktem Horizont. Britische Mittelstreckler waren als vermeintliche Gentlemen über jeden Zweifel erhaben.

Dumm gelaufen. Denn 2004 in Athen erwischte es die griechischen Laufgötter Kostas Kenteris und Ekaterini Thanou vor einer Dopingkontrolle ausgerechnet im Krankenhaus. Das war das Ende der Schwarz-Weiß-Malerei. Die Siegeslust mittels Chemiebomben zu unterstützen, hatte mit der Hautfarbe nichts zu tun. Trotzdem führen Vorurteile dazu, dass heimische Sporthelden mit Persilscheinen versehen und ausländische Sportler als lebende Apotheken dargestellt werden.

Später inszenierte sich Vladimir Putin als Staatschef eines Russlands, das in der Dopingaffäre zu Unrecht verfolgt würde – als hätten feindliche Agenten der in den USA lebenden Tennisfavoritin Maria Sharapova ihre Aufbaupräparate zwangsverabreicht. Sportlich kleinere Länder wiederum, wie das leichtathletisch verdächtige Kenia, machen anonyme „Große da oben" verantwortlich, die alles erfinden würden.

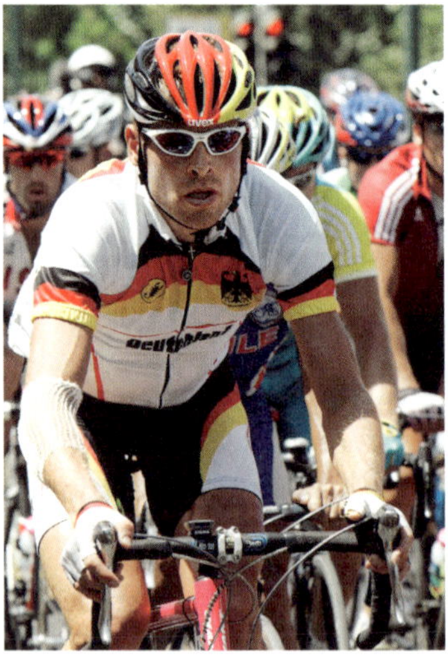

Vom deutschen Radsportheld zum tief Gefallenen: Die Sportkarriere von Jan Ullrich, hier beim Straßenrennen der Männer bei den Spielen 2004 in Athen, endete infolge eines Dopingskandals, der 2006 bekannt wurde. Im Jahr 2023 gestand Ullrich öffentlich ein, bereits 1996 mit dem Doping begonnen zu haben.

Die lange Liste der Rekorde mit Hilfsmitteln

Apropos Leichtathletik: In der Königsdisziplin Olympias steckt der Kopf unverändert im Sand. Als symbolische Geste müssten alle Weltrekorde gestrichen werden. Schaut sich keiner die aktuellen Rekordlisten an? Von 23 Frauen-Freiluftweltrekorden in Olympiabewerben der Gegenwart sind viele schon auf den ersten Blick schwer verdächtig. Es ist rechtlich und gesellschaftlich wichtig, keine Pauschalurteile zu treffen; Urteile müssen auf der Basis von Beweisen jeweils im Einzelfall gefällt werden. Sportlerinnen und Sportler dürfen auch nicht zu Stereotypen gemacht werden, nach dem Motto: „Die gifteln alle!", wie es im Volksmund heißt.

Doch gibt es Indizien. Florence Griffith-Joyner lief vor ihrem unerwartet frühen Ableben aus ungeklärten Gründen Fabelzeiten. Sie war 1988 über 100 Meter um vier Zehntel(!) schneller als der österreichische Männerstaatsmeister ein Vierteljahrhundert später. 400 Meter bisher am flottesten rannte Marita Koch aus der DDR, wo nur notorische Realitätsverweigerer an ein dopingfreies Zustandekommen des Rekords glauben. Die Tschechin Jarmila Kratochvílová hält über 800 Meter den ältesten Weltrekord. Lasst Bilder sprechen, sie zeigen körperliche Entwicklungen. Im Vergleich zu ihr sah Ben Johnson kaum männlicher aus.

Über die Langstrecken gab es Rekordzeiten chinesischer Wiesel unbekannten Namens, welche auftauchten und verschwanden. Der langjährige Hürdenweltrekord der Russin Yuliya Pechonkina war so gut, dass sie in Österreich mit ihrer Zeit Serienmeisterin auf der flachen 400-Meter-Strecke geworden wäre. Eine amüsante Vorstellung: Alle neben der Rekordläuferin hätten keine zehn – jeweils einen Dreiviertelmeter hohen – Hürden im Weg und sind langsamer.

Doch ist der Rekord Pechonkinas Zeitgeschichte, weil die Amerikanerin Sydney McLaughlin-Levrone ihn bei den Olympischen Spielen 2021 in Tokio pulverisierte. McLaughlins bei der Drucklegung dieses Buches ungeschlagener Weltrekord von 50,68 Sekunden im 400-Meter-Hürden-Lauf ist so unglaublich gut, dass sie damit auch locker das Finale der Weltmeisterschaften 2022 und 2023 über 400 Meter ganz ohne Hürden erreicht hätte und dort Sechs- bzw. Siebtbeste der

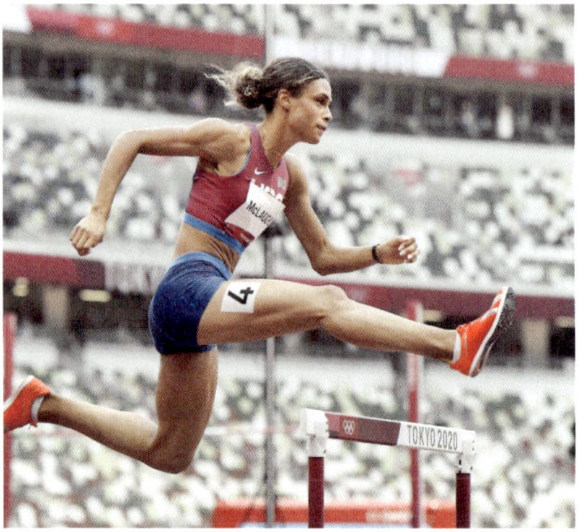

Die US-amerikanische Hürdenläuferin Sydney McLaughlin auf ihrem Weg zu Gold beim 400-Meter-Hürden-Lauf in Tokio 2021.

Welt geworden wäre. McLaughlins Weltmeisterschaftslauf über die Hürden 2022 in Eugene, Oregon war womöglich das Allerbeste, was ein Laufsportfan je zu sehen bekommen hat: absolute Perfektion vom ersten bis zum letzten Schritt. In der Staffel mit aufgrund der stehenden Stabübergabe nicht als Einzelleistung gewerteten Zeiten war sie mit ihrer Laufzeit nahe an Marita Kochs Weltrekord über die gleich lange Flachstrecke. So stammte 2023 die Jahresweltbestzeit über die flache 400-Meter-Strecke von McLaughlin (obwohl sie im selben Jahr bei der Weltmeisterschaft in Budapest verletzungsbedingt nicht gestartet war).

„GoSydGo" – so ihr Name auf den Plattformen sozialer Medien – mag als Ausnahmeathletin einer Generation gelten. Doch wurde ihr Trainer Alberto Salazar wegen Dopingvergehen gesperrt. Ihm wurde auch nachgesagt, er hätte seine Trainingsgruppen so gedopt, dass sie bei Kontrollen minimal unter den erlaubten Grenzwerten der Medikamente im Blut blieben. Was legal wäre, doch klarerweise ethisch verwerflich. Wer sich bei einer 0,5-Promille-Grenze fürs Autolenken im Straßenverkehr täglich mit Zielpunktsaufen auf 0,49 Promille hintrinkt, eignet sich ja genauso wenig als Vorbild der Gesellschaft.

Zu den weiblichen und männlichen Kugel-, Diskus- und Hammerwerfrekorden in den Achtzigerjahren sollte man sowieso nichts mehr sagen. Da hätten – etwas zynisch gemeint – Nichtgedopte beinahe zweimal werfen müssen, um dieselbe Weite zu erreichen. Wirklich schlimm sind bis heute falsche Schlussfolgerungen der internationalen Uraltrekorde. Solche belegen weder, dass Doping nur früher üblich war – im Doping werden inzwischen Weltrekorde aus der Zeit mit den viel schneller machenden und heute verbotenen Ganzkörperanzügen verbessert – und man es nun erfolgreicher bekämpft noch dessen Beschränkung auf undemokratische Länder.

Österreichische Dopinggeschichten

Am allerdümmsten sind Annahmen, dass wir in Österreich geschlossen zu ungeschickt oder zu ehrenhaft zum Dopen wären. Das gilt auch für die olympische Leichtathletik: Auch Österreich hatte mit Theresia Kiesl und Steffi Graf leichtathletische Medaillengewinnerinnen, die nicht unumstritten sind.

Kiesl gewann 1996 bei den Sommerspielen in Atlanta sensationell die Bronzemedaille im 1.500-Meter-Lauf und wurde im selben Jahr österreichische Sportlerin des Jahres. 1998 – als Kiesl Halleneuropameisterin wurde – stellte man in ihrer Wohnung Dopingmittel sicher, die ihrem in der Fitnessszene aktiven und später finanzstrafrechtlich dafür verurteilten Ehemann gehört haben sollen. Ohne dass seine Frau als Sportlerin davon gewusst hätte. Es galt für Frau Kiesl die Unschuldsvermutung. Sie wurde später Politikerin der ÖVP.

Für Stephanie „Steffi" Graf war die Unschuldsvermutung allerdings nur sehr bedingt anwendbar. Sie gewann im 800-Meter-Lauf der Olympischen Spiele 2000 in Sydney die Silbermedaille. Daraufhin wurde sie in ihrem Heimatland ebenfalls Sportlerin des Jahres. 2003 trat sie zum damaligen Zeitpunkt völlig überraschend zurück. Sechs Jahre später gestand Graf ein, dass sie sich in der Firma „Humanplasma" in Wien Blutplasma hatte abnehmen lassen, sie dieses jedoch nicht zu Dopingzwecken angereichert in ihren Körper rückgeführt habe. Die nationale Antidoping-Agentur NADA glaubte ihr nicht und verhängte eine zweijährige Sperre. Niemand wird je erfahren, ob Grafs Silbermedaille wirklich „sauber" errungen war. Vor dem Dopingurteil war Graf im österreichischen Fernsehen als eine Art Starkommentatorin für Laufereignisse in Österreich tätig. Auch beim Marathonlauf, von dem sie wenig verstand.

Das grundsätzliche Problem im kleinen Österreich war, dass es wie jedes Land seine Sporthelden schützen wollte. Vor allem wenn es als Kleinstaat zahlenmäßig kaum welche vorzuweisen hatte und nur in sehr wenigen Sportarten Weltspitze sein konnte. Wirklich unklar war etwa der Fall von Hans Knauss, des Olympiazweiten im Riesenslalom der Olympischen Winterspiele von Nagano 1998, der bis heute Skikommentator ist. 2005 sah er sich nach einem positiven Dopingtest zum Karriereende gezwungen, nachdem der Internationale Sportgerichtshof seine Klage auf Aufhebung oder Verkürzung der wegen des Dopings ausgesprochenen Sperre ablehnte. Zivilrechtlich einigte sich Knauss 2008 mit dem Hersteller eines Nahrungsmittels, dessen Verunreinigung nach Angaben von Knauss den positiven Dopingtest begründete, auf einen Vergleich. Wir wissen bis heute nicht, wer schuld war. Für Knauss muss tatsächlich Knauss' Unschuld vermutet werden. Das ist sehr ehrlich zu meinen, weil voreilige und pauschale Unterstellungen immer falsch sind. Kollektive Freisprüche aber auch.

Wintersport-Doping

In Österreich wurden deshalb trotz nachgewiesener Dopingskandale im Langlauf- und Biathlonbereich Verdachtsmomente bei den alpinen Seriensiegen im Skifahren um jeden Preis ignoriert. Obwohl man zur größten Triumphzeit auch mit dem Sportmediziner Bernd Pansold zusammenarbeitete, der ein früherer Mitarbeiter der ostdeutschen Staatssicherheit „Stasi" gewesen und als ehemaliger Trainer der Schwimmerinnen aus der DDR wegen Dopings von Minderjährigen verurteilt worden war. Der Österreichische Skiverband verlangte daraufhin seinen Rücktritt, der auch erfolgte. Doch hat man bis bis zu diesem Urteil ernsthaft geglaubt, ein Trainer der DDR, und das ausgerechnet im Schwimmen, wäre nie an Dopingprogrammen beteiligt gewesen?

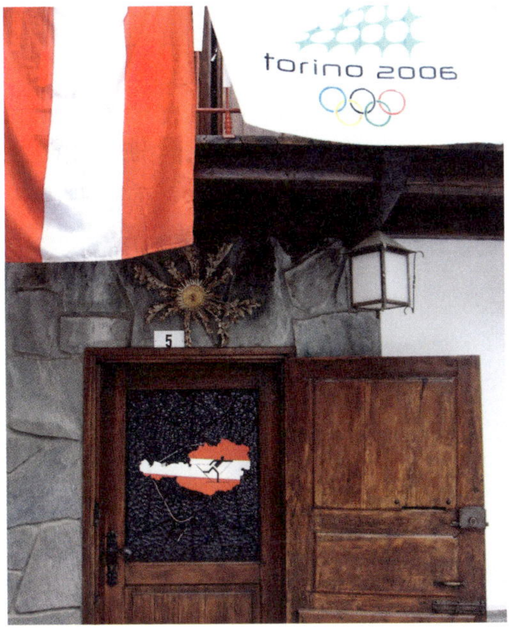

Der Eingang des Quartiers der österreichischen Langläufer bei den Winterspielen in Turin 2006: Bei ihrer Razzia im Quartier wurden die Carabinieri fündig – trotz eines abenteuerlichen Fluchtversuchs des ÖSV-Trainers Walter Mayer.

Bei den nordischen Sportlern fand während der Olympischen Winterspiele in Turin 2006 eine Dopingrazzia im Quartier der österreichischen Nationalmannschaft statt. Die Polizei wurde fündig, obwohl Sportler versuchten, mit ihren Dopingmitteln durch ein Fenster zu entkommen. Der Trainer Walter Mayer flüchtete quer durch das Gebirge in einer abenteuerlichen Autofahrt. All das geschah, nachdem bereits vier Jahre zuvor in Salt Lake City in den österreichischen Quartieren Blutbeutel und Spritzen gefunden wurden.

Ausgerechnet bei den heimischen Weltmeisterschaften im nordischen Skisport 2019 in Seefeld gab es den nächsten Dopingskandal der Österreicher. Die auflagenstarke Kleine Zeitung titelte daraufhin: „Die unheimliche Serie der österreichischen Dopingfälle“ und listete penibel viele Fälle aus fünfzig Jahren auf. Doch politische Vorurteile hatten bereits allzu oft dazu geführt, dass das Image von heimischen Sportheldinnen und -helden mit einem Persilschein versehen und fremdländische zu lebenden Apotheken gemacht wurden.

Ted Ligety, von 2007 bis 2014 im Riesenslalom meistens bester Skifahrer der Welt und Doppelolympiasieger, sah das Problem im alpinen Skisport zumindest in der Vergangenheit liegen: „Da gab es Läufer, die viele Rennen gewonnen haben, bei denen man sich schon die Frage stellen muss, ob da alles mit rechten Dingen zugegangen ist. Ich möchte nicht sagen, dass Ende der Neunziger alle gedopt haben. Aber vielleicht wurde auch einfach nur keiner erwischt."

Womöglich sollten die olympischen Wettkämpfe daher nach dem Vorbild von Oldtimerrallyes stattfinden. Da gewinnt nämlich nicht der schnellste Fahrer, sondern wer gemütlich möglichst nahe an eine Durchschnittszeit herankommt. Unser aller Rekordsehnsucht freilich lässt das kaum zu.

Das Virus

2020 wurde das Doping freilich von einem ganz anderen medizinischen Thema abgelöst: Nach Rio de Janeiro 2016 sollten die nächsten Olympischen Sommerspiele 2020 in Tokio stattfinden. Dort wurde der Coronanotstand ausgerufen. Allerdings hatten Sponsoren, sonstige Unternehmen und die Regierung je nach Zählweise zuvor zwischen 11 und 20 Milliarden Dollar investiert.

Das IOC und die von dessen Geldverteilung profitierenden nationalen Sportorganisationen bekommen nicht alles davon. Einen erklecklichen Teil freilich schon. Daher konnte und wollte man die Spiele nicht einfach ausfallen lassen, obwohl das gesundheitspolitisch sehr vernünftig erschien. Bei einer eigenständigen Absage hätte vermutlich zudem keine Versicherung der Welt irgendwelche Ausfallskosten übernommen. Die Spiele mussten also weitergehen.

Man entschloss sich für eine Verschiebung der Sommerspiele um ein Jahr auf 2021, obwohl da die pandemische Lage um nichts besser war. Die Autofirma Toyota als Hauptsponsor zog alle Werbespots im Fernsehen zurück. In Japan und dessen Hauptstadt mit explodierenden Infektionszahlen war eine klare Bevölkerungsmehrheit gegen die Durchführung der Spiele. Asahi Shimbun, die zweitgrößte Zeitung der Welt, schloss sich den Protesten an. Dass man politisch trotzdem für die Abhaltung der Spiele war, hatte auch einen psychologischen Hintergrund: In der Coronapandemie wurde in fast allen Teilnehmerländern das Wir-Gefühl im Kampf gegen das Virus Tag für Tag geringer. Politisch wurden je nach Parteivorliebe jeweils Andersdenkende zunehmend nur noch beschimpft. Also brauchte es in jedem Staat Sporterfolge, um sich endlich wieder miteinander über etwas zu freuen.

Kaiser Ferdinand I. soll in der Revolution 1848 gesagt haben: „Ja, dürfen's denn des?" Alle Vergleiche hinken, doch natürlich gibt es genauso kritische Stimmen, die die Meinung vertreten, während einer Pandemie seien Olympische Spiele und Spitzensport generell unpassend, tagesaktuelle Statistiken von Todesfällen und Hurraschreie über wenige Hundertstel Vorsprung seien ein Widerspruch in sich.

Das Gegenargument sah oft so aus: Es würde unbestritten niemandem helfen, wenn wir auf schöne Musik, lustige Filme und spannende Bücher verzichten würden. Warum sollten wir da nicht im Fernsehen Sportlerinnen und Sportlern zujubeln? Publikum vor Ort gab es wenig, also drehte sich alles um die Frage, ob eine Sportveranstaltung und damit verbundene Reisen ein zu großes Risiko darstellten. Die Nationalkader und Funktionäre sollten sich nicht anstecken und nachher als Virenschleudern das ganze Heimatland in noch größere Gefahr bringen. Doch man musste trotz berechtigter Skepsis zugeben, dass die Sicherheitskonzepte als „Blase" – Sportlerinnen und Sportler wurden getestet und durften kaum Außenkontakte haben – halbwegs funktionierten.

Die angesprochene Skepsis war der Frage geschuldet, wie genau diese Blasen der gesundheitlichen Sicherheit ihren Zweck erfüllen sollten, wenn 339 Wettbewerbe in 33 Sportarten und 51 Disziplinen abgehalten werden? Mit 10.000 Sportlerinnen und Sportlern aus 200 Ländern. Wie sollte sich das mit den weltweit verzögerten Impfungen bei zugleich steigender Mutationszahl ausgehen? Ein japanischer Epidemiologe wird im Deutschlandfunk so zitiert: „Warum müssen Olympische Spiele stattfinden, die letztes Jahr wegen der Infektionsgefahr abgesagt wurden? Jetzt, wo das Infektionsrisiko viel höher ist?"

Corona als siegentscheidender Faktor

Der Preis für Olympische Spiele trotz Corona war zudem Wettbewerbsverzerrung. Nicht nur Ausfälle nach Infektionen, sondern auch Gesundheitspolitiker entschieden mit, wer wie einreisen durfte. Letztlich wurden alle Teilnehmenden für die Olympischen Spiele in Tokio 2021 frühzeitig geimpft. Gratis, dank einer Impfstoffspende der Pharmaunternehmen Pfizer und Biontech an die Olympischen Komitees. War das zu einer Zeit knappen Impfstoffs eine gute Idee oder handelte man angesichts des Mangels in vielen Staaten und der Nichtleistbarkeit der Impfungen in ärmeren Ländern frei nach Orwells „Farm der Tiere" nach dem Motto „Manche sind gleicher"?

Obwohl lupenreine Amateure bei den Olympischen Spielen ohnehin längst eine Minderheit waren, hätte im Grunde für Profis dasselbe gelten sollen wie für jede Berufsgruppe: Es wäre durch medizinisches Personal sachlich zu beurteilen, ob eine Ausübung des Berufs in der Pandemie verantwortbar ist. Wenn ja, so wären trotz Lockdown Ausnahmen für den Weg zur Arbeit und Geschäftsreisen zulässig. Die Emotion der Benachteiligung etwa von Kunstschaffenden war berechtigt, doch hätte ein völliger Stopp des olympischen Sports ihrer Branche wirklich geholfen?

Ein weiterer und ungewollter Effekt der Verschiebung war die Frage, wie man mit noch offenen Qualifikationen umgehen sollte. Sollte man etwa im März 2020 ausgerechnet in London noch schnell ein Qualifikationsturnier im Boxen mit nachweislichen zahlreichen Coronainfektionen durchführen? Bitte nicht.

Ein österreichischer Fall dazu klang nur nach einer Randsportart, steht aber beispielhaft für das Qualifikationsdilemma bei den Olympischen Spielen nach deren Abhaltung 2021 statt 2020: Im Kajakslalom bei den Bewerben der Wildwasserkanutinnen hatte Österreich eine Olympiastarterin. Mehr stehen dem Land nicht zu. Viktoria Wolffhardt hatte sich für 2020 völlig verdient und unumstritten fix qualifiziert, nach der Verschiebung belegte sie bei der Europameisterschaft den 18. Platz. Sie fuhr nach Tokio, wo sie Elfte wurde. Ex-Weltmeisterin Corinna Kuhnle war 2020 unbestritten weniger stark als ihre Landsfrau Wolffhardt. 2021 aber wurde sie Europameisterin.

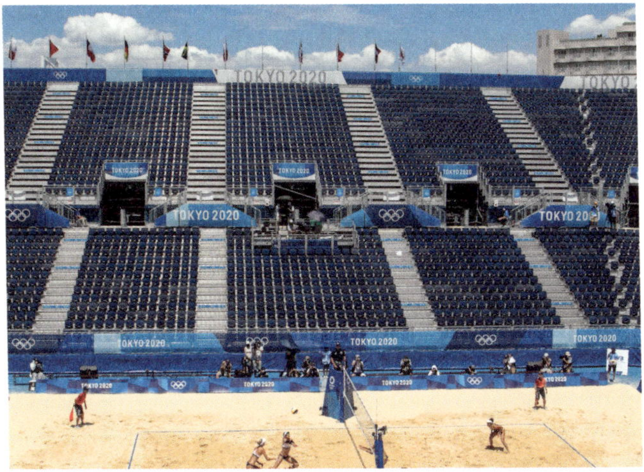

Die Spiele ohne Publikum: So wie im Beachvolleyballfinale der Damen zwischen Australien und den USA blieben die Wettkampfstätten bei den durch die Coronapandemie geprägten Spielen 2021 in Tokio oft völlig leer.

Und musste als mögliche Gold(mit)favoritin während der Olympischen Spiele trotzdem daheimbleiben. Vorschrift war Vorschrift. Der österreichische Kanuverband und das Nationale Olympische Komitee hätte die Regeln ändern können, wollten das jedoch nicht. Wie gesagt kein seltener Fall, aber was tun?

Für Österreich war aber am Ende alles gut, denn eine Österreicherin verkörperte all das, was bei Olympischen Spielen nicht möglich zu sein schien: Eine zum Zeitpunkt ihres Olympiasieges nahezu reine Amateurin gewann als krasse Außenseiterin. Nach einer Selbstvorbereitung ohne jedwede staatliche Unterstützung oder großes Sponsorengeld im Hintergrund. Anna Kiesenhofer siegte im Straßenradrennen der Frauen, nachdem sie einfach gleich zu Beginn aus dem Feld herausgefahren war, nur weil sie das Gedränge im dichten Pulk nicht mochte. Jeder erwartete, dass Kiesenhofer und zwei Fluchtgefährtinnen trotz eines Vorsprungs von über fünf Minuten sowieso eingeholt werden würden. Vor allem die hochfavorisierten Holländerinnen dachten das. Ohne starke Mannschaft zur Unterstützung gewinnt niemand ein hartes Radrennen. Schon gar nicht mit einem Soloritt. Doch am Kagosaka-Pass löste sich Kiesenhofer und fuhr die letzten 41 Kilometer mutterseelenallein an der Spitze des Rennens. Irgendwann erkannte Annemiek van Vleuten – vierfache Weltmeisterin und ansonsten Gewinnerin von allem, was es im Radsport zu gewinnen gab – die Gefahr. Sie machte sich ebenso einsam an die Verfolgung aller vor ihr liegenden Fahrerinnen. Doch es war zu spät. Am Ende fehlte der großen van Vleuten über eine Minute auf die Radsportlerin aus einer kleinen Alpenrepublik. Tragischerweise glaubte van Vleuten bei ihrer Zielankunft zudem irrtümlich, sie hätte alle eingeholt und jubelte über den vermeintlichen Olympiasieg. Aber es gab Gold für Österreich durch Anna Kiesenhofer.

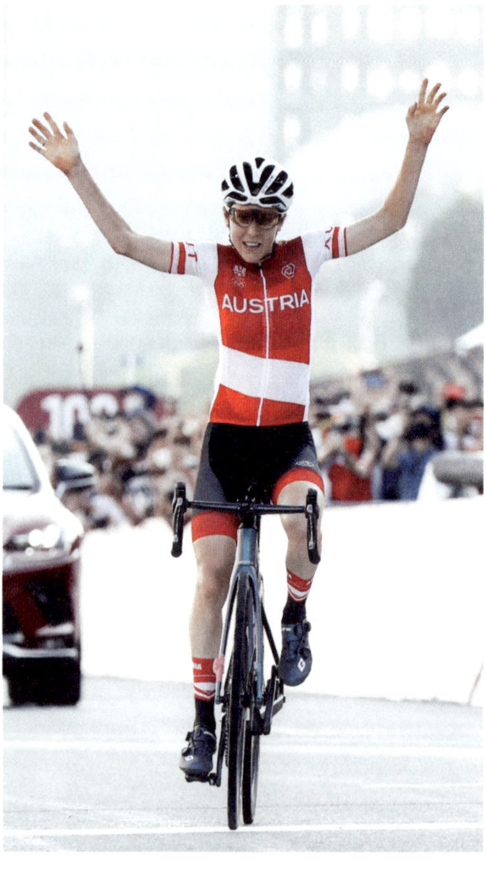

Die österreichische Mathematikerin Anna Kiesenhofer bei ihrem Überraschungssieg im Straßenrennen bei den Spielen in Tokio 2021.

KAPITEL 9

Krieg und Sport … und das dummdreiste Ideal der unpolitischen Spiele 2024

Russland führt gegen die Ukraine seit Ende Februar 2022 und bis zum Erscheinen dieses Buches einen völkerrechtswidrigen Angriffskrieg voller Kriegsverbrechen. Als Reaktion gibt es politische und wirtschaftliche Sanktionen. Auch im Sport wurden Russinnen und Russen großteils von internationalen Wettbewerben und zunächst von den Olympischen Spielen ausgeschlossen. Am 8. Dezember 2023 entschied jedoch das IOC, russische Einzelsportlerinnen und -sportler unter der Bedingung des Verzichts auf nationale Symbole – also insbesondere Flagge und Hymne sowie eine Sportausrüstung mit Staatssysmbolen – zuzulassen. Mannschaften aus Russland sollten von der Teilnahme ausgeschlossen werden. War das richtig? Eher nein.

Das IOC hat – wie übrigens auch die Fußballvereinigungen FIFA und UEFA sowie fast alle Weltverbände des Sports – in ihren Statuten Frieden und Völkerverständigung als Ziel festgehalten. Da konnte und wollte man sich 2022 nicht neutral beobachtend geben, während Russland gegen die Ukraine einen brutalen Krieg anfing. Dass bereits die russische Besetzung der Halbinsel Krim völkerrechtswidrig war, das stimmt. Nur kann ja früher begangenes Unrecht nicht späteres Unrecht rechtfertigen.

Genauso absurd wäre es gewesen, wenn die Welt von der Politik über die Wirtschaft bis zur Kultur klar Stellung bezogen, der Sport und die Olympischen Spiele aber die Position „Nur ned anstreifen!“

vertreten hätten. Wurden überall Sanktionen diskutiert und verhängt, betraf das selbstverständlich genauso Fußball, Leichtathletik, Skifahren und Co. sowie Olympia. Will man zu Jahresende 2023 wie das IOC nicht mehr zu den Sanktionen gegenüber Russland stehen, hätte sich als logische Begründung dafür der Sachverhalt hinsichtlich des russischen Angriffskriegs gegen die Ukraine ändern müssen. Das war zum Zeitpunkt der neuen Entscheidung des IOC aber nicht der Fall.

Das anfängliche Abwarten von Sportverbänden stand vielerorts sogar unter dem Generalverdacht, man wolle nicht aus der eigenen Komfortzone heraus oder hätte gar – Stichwort Gazprom als Fußballsponsor – zu sehr den eigenen finanziellen Vorteil im Blick. Wer aber wirksame Sanktionen wollte, konnte nicht einfach weitermachen wie bisher. Langfristig stieg freilich das Interesse, sich neuerlich mit Russland zu arrangieren.

In der Praxis stellte es ein Problem dar, dass Sportverbände und Funktionäre im Sport nicht selten mit Vladimir Putin „verhabert" waren. FIFA-Präsident Gianni Infantino etwa umarmte Putin auf Fotos herzlich und erklärte bei der Fußball-WM 2018, alle seien in das Veranstalterland Russland verliebt und er selbst fühle sich dort „wie ein Kind im Bonbongeschäft".

Unter diesen Umständen hat die FIFA zu Beginn des Ukrainekrieges Russland nicht von ihren Bewerben ausschließen wollen. Das tat man erst, als immer mehr prinzipientreue Länder – allen voran Polen und auch England – erklärten, keinesfalls gegen Russland anzutreten. Ohne fragwürdige Rücksicht auf enge Verbindungen und Geschäfte mit Russland, dessen undemokratische und korrupte Zustände davor offenbar nicht ins Gewicht gefallen waren.

Eine Chronologie des Weges in die Sackgasse

Nach dem Einmarsch russischer Truppen in die Ukraine Ende Februar 2022 sprach das IOC eine Empfehlung an alle Sportverbände aus, russische Sportlerinnen und Sportler von ihren Bewerben auszuschließen. Was natürlich in vielen Fällen deren Olympiateilnahme mangels Qualifikationschancen verhindern könnte. Im März 2023 – also neun Monate vor dem entsprechenden Entscheid – begann das IOC zu planen, Sportlerinnen und Sportlern aus Russland eine Olympiateilnahme als „neutrale Athleten“ zu ermöglichen.

Auflagen dafür sollten aber nicht bloß das letztlich beschlossene Weglassen von Flagge und Hymne sowie sonstigen nationalen Symbolen sein. Zugleich wollte man nur Sportlerinnen und Sportler zulassen, welche den Krieg in der Ukraine nicht aktiv unterstützten. Athleten mit Verbindungen zu Militär oder Polizei wollte man ausschließen. Was in die Sackgasse führte, weil einerseits eine genaue Definition und Überprüfung nicht möglich war, wer hier zuzurechnen wäre. Andererseits hätte es bei strenger Handhabung die meisten russischen Sportlerinnen und Sportler betroffen.

Die Ukraine kündigte an, bei einem Start Russlands die Olympischen Spiele 2024 in Paris zu boykottieren, Russland forderte gleichzeitig die uneingeschränkte Teilnahme an sportlichen Wettbewerben. Es regte sich immer mehr Protest gegen die Entscheidung des IOC einer Wiederzulassung. Die Spiele in Paris wurden dadurch zunehmend belastet, und die Pariser Bürgermeisterin Anne Hidalgo erklärte, keine russischen Sportlerinnen und Sportler in der Stadt haben zu wollen. Seitens des internationalen Leichtathletikverbandes wollte man das auch nicht. Der Status Quo zum Druckzeitpunkt dieses Buches? Es ist trotz der Entscheidung des IOC im Dezember 2023 immer noch kompliziert.

Die Paralympics als Wegweiser im Zickzackkurs?

Nach dem russischen Truppeneinmarsch in die Ukraine reagierte das Internationale Paralympische Komitee (IPC) direkter als das IOC. Man war auch unter aktuellem Handlungsdruck und konnte den Fachverbänden die Letztentscheidung nicht als Ausweg überlassen. Denn die Olympischen Winterspiele in Peking waren soeben zu Ende gegangen und die Paralympics sollten ebenda gerade beginnen.

Die schnelle Reaktion des IPC glich freilich einem Zickzackkurs: An einem Tag gab man die Zulassung russischer Sportlerinnen und Sportler als „neutrale Aktive“ bekannt. Am nächsten Tag wurden sie ausgeschlossen. IPC-Präsident Andrew Parsons begründete die Kehrtwende mit einer „schnell eskalierenden Situation“ und einer

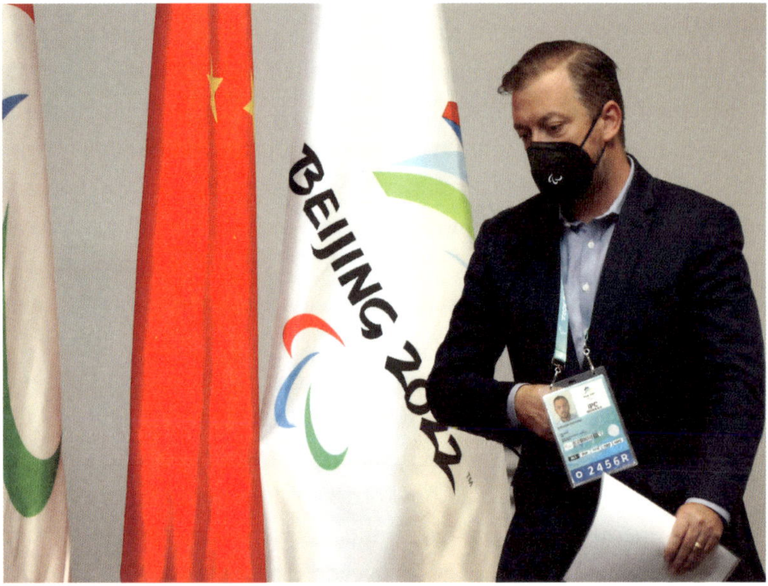

IPC-Präsident Andrew Parsons am 3. März 2022 bei der Bekanntgabe des Ausschlusses russischer und belarussischer Athletinnen und Athleten von den Paralympics in Peking.

„einzigartigen und unmöglichen Lage". Er tat sich merkbar selber leid, obwohl das Opfer die Ukraine war. Das Russische Paralympische Komitee kritisierte die Entscheidung des IPC als „unvernünftig".

Im September 2023 hat das IPC die Suspendierung russischer Sportlerinnen und Sportler aufgehoben. Sie dürfen in Paris 2024 unter neutraler Flagge starten. Wobei es keine schlüssige Begründung dahingehend gab, was sich an der Sachlage gegenüber dem Frühjahr oder Herbst 2022 geändert hatte. Außer dass man des Themas und der eigenen Konsequenz gegen Russland müde wurde.

Dies legte in einer emotionalen Rede Friedhelm Julius Beucher, Präsident des Deutschen Behindertensportverbandes, dar: „Es herrscht immer noch Krieg. Schrecklicher als zuvor." Man habe dazu vom Paralympischen Komitee Russlands nicht „auch nur einen Satz des Bedauerns gehört", meinte Beucher. „Nein, im Gegenteil. Sie rufen zum Krieg auf, glorifizieren das Morden und Töten." Einen Start unter neutraler Flagge bezeichnete Beucher als „Augenwischerei". Beuchers Meinung war Minderheitsmeinung.

Wir neutralen Österreicher

Welche Rolle spielt nun Österreich dabei? Nach dem Motto „Nur kane Wellen“ verhielten wir uns wenig ruhmreich abwartend. Der Österreichische Fußballverband (ÖFB) begrüßte alle Sportsanktionen gegen Russland. Allerdings erst, nachdem die FIFA Russland ausgeschlossen hatte. Vorher war Funkstille. Wir waren nicht unter jenen Ländern, die der zögerlichen FIFA erklärten, sicher nicht gegen Russland zu kicken: England als Mutterland des Fußballs, genauso aber Wales, Frankreich, Irland, Norwegen, Schottland, Schweden, Tschechien, und, und, und.

Im olympischen Wintersport war aufgrund des Timings die Verlockung groß, den Weg des geringeren Widerstands zu gehen: Hier enden die Weltcups im März, wonach das Ausschluss- und Boykottthema bis zum Herbst niemanden interessiert hätte. Beim Österreichischen Skiverband (ÖSV) gab es demnach zuerst langes Schweigen. Irgendwann sprach Präsidentin Roswitha Stadlober sich eines Abends im Fernsehen gegen den Ausschluss russischer Sportler aus. Am nächsten Vormittag schloss der Internationale Skiverband Russen aus – und plötzlich war auch der ÖSV energisch derselben Auffassung.

„Die Sportler können ja nichts dafür!“ Das war Stadlobers Argument dafür gewesen, dass lediglich ein Antreten mit russischer Flagge und Hymne verboten werden sollte. Das hätte aber keinen ausreichenden Effekt gezeigt, wie bereits bei den Olympischen Winterspielen in Peking bewiesen wurde: Hier durften russische Sportlerinnen und Sportler nach Staatsdoping ohne Staatssymbole starten. In Russland wurde geschickt gerechnet und gefeiert, man hätte von allen Ländern die zweitmeisten Medaillen gewonnen. Was insofern kreative Mathematik war, weil nach der Zahl der Goldmedaillen Russland hinter Österreich auf dem neunten Platz lag. Selbstverständlich würde Vladimir Putin bei jedem Sporterfolg eine solche Propaganda betreiben. Selbst wenn alle Russen statt in Nationaldressen nackt starten müssten. Hinzu kommt, dass nicht bloß russische Verbände und deren Funktionäre mit Sicherheit Parteigänger Putins waren und sind. Unter den Sportlerinnen und Sportlern sind viele voll auf Putins Linie und dessen hochdotierte Staatshelden. Bis zu 90 Prozent der russischen Sportkader hatte man in Staatsorganisationen angestellt oder eingegliedert. Die Mehrheit davon bei Militär und Polizei.

Kritik russischer Sportlerinnen und Sportler beschränkte sich daher im besten Fall auf allgemeine „Bitte kein Krieg!"-Bekundungen. Eishockeysuperstar Alexander Ovechkin posierte im Internet parallel dazu weiterhin Seite an Seite mit Putin. Mehrere Wintersportler aus Russland haben üble Hasspostings gegen die Ukraine verfasst. Regimegegner fand man selten, weil sie ja gar nicht erst in eine russische Nationalmannschaft aufgenommen wurden.

Natürlich ist jeder Ausschluss auch ein Berufsverbot für Sportlerinnen und Sportler, die sich nichts vorzuwerfen haben. Das freilich gilt für Sanktionen in allen Bereichen: Eine Bankangestellte oder Stewardess war von den Sanktionsmaßnahmen gegen Sberbank und Aeroflot existenzgefährend betroffen. Sportstars muss man weniger bemitleiden.

Eine Fechterin

Bei manchen Weltsportverbänden wie dem für das Fechten waren russische Oligarchen die Präsidenten. Im Juli 2023 fanden in Mailand die Fechtweltmeisterschaften statt. Die Ergebnisse zählten zugleich als Qualifikation für die Olympischen Spiele 2024 in Paris. Sportlerinnen und Sportler aus Russland waren im Fechten unverändert zugelassen.

Prompt traf in einem Ausscheidungskampf der Säbelfechterinnen die Ukrainerin Olha Charlan auf die Russin Anna Smirnova und gewann 15:7. Womit die Sache aber noch lange nicht aus und überstanden war. Denn abgesehen vom Tennis – da lebten die russischen Stars Medvedev und Rublev aber fern ihrer Heimat in Monte Carlo und Spanien – war dieser Fechtkampf der erste sportliche Wettbewerb zwischen der Ukraine und Russland, seitdem Vladimir Putin im Februar 2022 seine Truppen in die Ukraine einmarschieren hatte lassen. Nach dem Gefecht wollte Smirnova die Hände schütteln. Charlan hielt ihr stattdessen den Säbel entgegen, um zum Abschied nochmals kurz die Klingen zu kreuzen. Einen Handschlag mit einer Vertreterin jenes Landes, das in einem Angriffskrieg ihre Heimat besetzt hatte, das wollte sie offenkundig nicht.

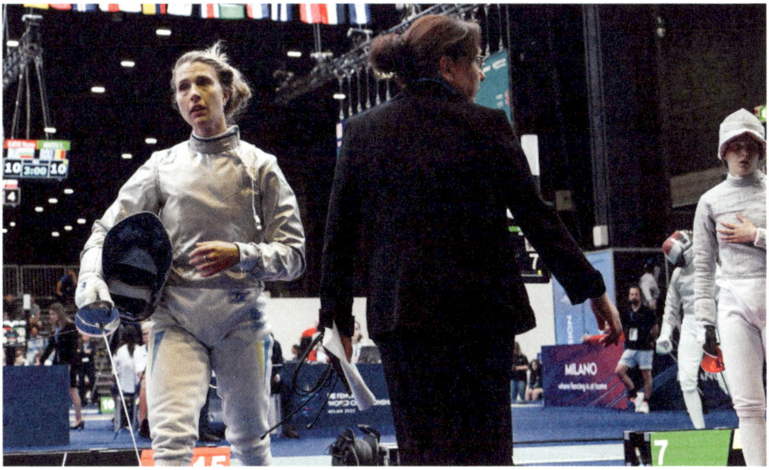

Bei den Fechtweltmeisterschaften 2023 in Mailand, zugleich die Olympiaqualifikation für die Spiele in Paris 2024, verweigerte die ukrainische Fechterin Olha Charlan (l.) ihrer russischen Kontrahentin Anna Smirnova (r.) nach dem Kampf den üblichen – und vorgeschriebenen – Handschlag. Es war eine Weigerung mit Folgen.

Der weitere Verlauf war tragikomisch. Leider mehr eine Tragödie. Olha Charlan ging weg, nachdem sie den Händedruck abgelehnt hatte. Smirnova blieb auf der Planche stehen. Irgendwann stellte man ihr einen Stuhl hin, und erst nach 45 Minuten ging auch sie. Danach disqualifizierte der internationale Fechtverband die Ukrainerin Charlan. Womit natürlich auch ihre Olympiachance dahin gewesen wäre. Nicht fechtaffine Sportfans lernten aus den Statuten des Fechtverbands zu ihrer Verblüffung, dass Nichthändeschütteln („Grußverweigerung“) genauso streng mit Sofortausschluss und Sperre bestraft wird wie Faustschläge ins Gesicht mit gebrochener Nase und ausgeschlagenen Zähnen („Brutalität“) oder Vollpumpen mit Speed und Crystal Meth als Amphetamine („Doping“). Denn alle drei Delikte sind im selben Paragraphen verboten und sanktioniert.

Allerdings folgten nun doch energische internationale Proteste. Einige Tage später hob der Fechtverband sein Urteil auf. Klarerweise war der Säbelbewerb jedoch vorbei und konnte nicht nachträglich zugunsten Charlans neu gestartet werden. Sie war um ihre Siegchance gebracht worden. Doch zumindest garantierte ihr das IOC einen Startplatz bei den Olympischen Spielen in Paris.

Die Legende von den neutralen Sportlern

Der Fall Olha Charlan und Anna Smirnova zeigte zugleich die Schwächen des womöglich gutgemeinten Wunschdenkens im IOC hinsichtlich „neutraler“ russischer Sportlerinnen und Sportler. Denn Smirnova war keine solche, sondern hatte sich in Sozialen Medien serienweise kriegsverherrlichend geäußert. Doch natürlich lautet ein regelmäßiges Argument, es würde im Sport auch Landsleute von Smirnova geben, die sich persönlich nicht mit dem völkerrechts- und menschenrechtswidrigen Angriffskrieg ihrer Heimat Russland identifizierten.

Wobei die Begrifflichkeit der sogenannten „neutralen Sportler“ stets seltsam war. Wie kann man zu einem Krieg des eigenen Landes keine Meinung haben? Oder wollte man etwa erreichen, dass Pazifisten ihre Meinung als Friedensbefürworter genauso nicht sagen dürfen? Und das ausgerechnet bei den Olympischen Spielen? Das pure Weglassen von Fahne und Hymne bei russischen Sportmedaillen ist da purer Symbolismus.

Die im westlichen Ausland lebenden Tennisspieler Medvedev und Rublev ausgenommen, war zudem die Vorstellung reichlich naiv, dass regimekritische russische Sportler einfach mal so aus dem eigenen Land zu Olympischen Spielen oder Weltmeisterschaften reisen durften. Weil die russischen Grenzbehörden so neutral sind? Echt jetzt? Nein.

Jedes diktatorische Regime ermöglicht nur jenen Sportlerinnen und Sportlern die Ausreise, die allen Anzeichen nach politisch auf derselben Linie wie die nichtdemokratische Staatsführung sind. Daher musste allen klar sein, dass 90 bis 99 Prozent der Teilnehmenden aus Russland bei sportlichen Großveranstaltungen regimetreue Kriegsbefürworter waren und sind. Die Teilnahme anderer Sportlerinnen und Sportler wussten Diktatoren wie Putin und seine zu 100 Prozent mit ihm verbündeten Sportfunktionäre immer zu verhindern.

Wie kann man auch in Russland oder sonstigen Nichtdemokratien als Olympiateilnehmer neutral sein, wenn die gesamte eigene Sportkarriere – von der Ausbildung über die Verfügbarkeit von Trainingsmöglichkeiten bis zum Geld im Regelfall allein von Förderungen und gutem Willen des diktatorischen Staates und der Staatskonzerne ab-

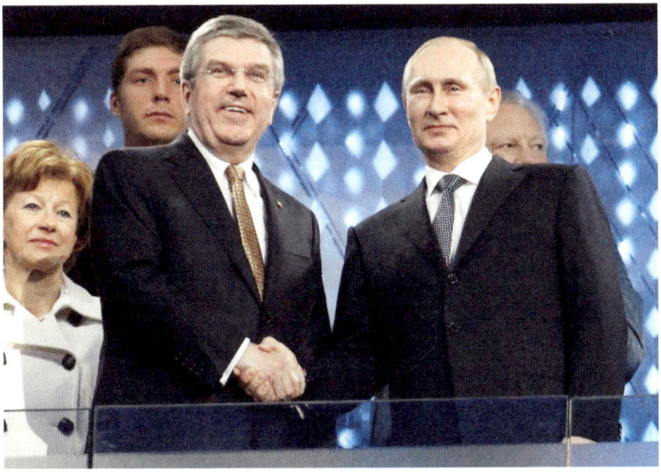

IOC-Präsident Thomas Bach und Vladimir Putin bei der Abschlussfeier der Winterspiele in Sotschi 2014.

hängt? Unter diesem Gesichtspunkt dürften nur Auswanderer startberechtigt sein, weil allein bei diesen keine Abhängigkeit besteht.

Wie verhindert man dann, dass das russische Regime und andere Diktatoren jeden olympischen Sporterfolg ihrer Länder in den Medien propagandistisch ausschlachten, ganz egal, ob mit oder ohne Einverständnis der Sportlerinnen und Sportler? Eine ukrainische Fechterin, die – im Idealfall nach einer Niederlage – der siegreichen Russin die Hand schüttelt und gratuliert, das wäre für Putin ein gefundenes Propagandafressen gewesen.

Sollen jetzt alle trotzdem so tun, als wäre man für die Zeit des Sports bei den Olympischen Spielen oder einer Weltmeisterschaft neutral? Das wäre nicht als sportliche Fairness zu bezeichnen, sondern als Scheinheiligkeit. In Moskauer Zeitungen wurde bereits bei den letzten Olympischen Spielen 2021 gejubelt: „Die russische Armee gewinnt 61 Medaillen in Tokio!"

Wäre es nicht unfair, wenn man diesmal russische Sportlerinnen und Sportler vom Sport ausschließt, obwohl man das nicht immer mit allen diktatorischen oder völkerrechtswidrig kriegsführenden Ländern gemacht hat und macht? Die Fortsetzung einer falschen Handlung, nur weil es früher einmal so war, wäre purer Blödsinn. Genau deshalb sollte man ja aus der Geschichte gelernt haben.

Südafrika blieb – spät, aber doch – zur Zeit des Apartheidregimes von den Olympischen Spielen lange ausgeschlossen, weil man es allen anderen Teilnehmenden aus Afrika und überhaupt niemandem zumuten konnte, gegen von deklarierten Rassisten abhängige Sportler anzutreten. Der Ukraine will man das aber zumuten?

Außerdem ist es ja so, dass wie beim Olympiaboykott der Afrikaner 1976 in Montreal Sportler aus dem überfallenen Staat angesichts solcher Zumutungen am Wettbewerb nicht teilnehmen. Der Aggressor hingegen ist dabei. Also gleicht es einem Elchtest, zuzusehen, wie jede Menge anderer Staaten reagieren – darunter auch Österreich –, welche sich im Fall einer Zulassung Russlands ursprünglich für einen Boykott der Olympischen Spiele ausgesprochen hatten. Man hat also im Sport nichts für die Völkerverständigung getan, sondern noch tiefer gespalten.

Der unangenehmen Wahrheit, wie man mit anderen Diktaturen umgeht, ganz abgesehen von Russland, und ob das völkerverständigende Denkmäntelchen da genügt oder man Untaten von Diktatoren einfach ohne Protest in Kauf nimmt: Ja, diesen Fragen müssen sich die Olympischen Spiele endlich stellen.

KAPITEL 10

Die politische Geschichte der Olympischen Winterspiele und das kleine Österreich 1924–2022

Die Anfänge der Winterspiele fanden im Sommer statt. Schon 1908 war der Eiskunstlauf in den Sommermonaten Teil der Londoner Spiele gewesen. Das olympische Programm enthielt ab 1920 in Antwerpen zusätzlich ein Eishockeyturnier mit zehn Mannschaften. So seltsam die Kombination von Belgien und Eishockey auch klingen mochte.

Doch scheiterte die Idee eigener Winterspiele lange am Widerstand der Skandinavier, welche eigene „Nordische Spiele“ abhielten. Daher gab es erst 1924 einen – später zu den ersten Spielen erklärten – Probelauf in Chamonix. Das Bergdorf in den französischen Alpen mit einer Bevölkerung von kaum mehr als tausend Menschen schien als Ort des Ausprobierens risikolos zu sein.

Auch 1928 in Sankt Moritz – was ein Symbolort für elitären Sport war und vom damaligen Grundsatz abwich, dass das Veranstalterland der Sommerspiele prioritär auch die Winterspiele ausrichten sollte – dominierten Skandinavien und die Alpenländer den Wintersport, doch waren immerhin sogar Argentinien und Japan vertreten. 1932 war Lake Placid im amerikanischen Bundesstaat New York ein Rückschritt, weil die Reise- und Aufenthaltskosten für viele Sportlerinnen und Sportler nicht leistbar waren. Bis 1936 waren demzufolge auch die politischen Implikationen der Winterspiele unbedeutend.

Garmisch und Partenkirchen

Gerade in Österreich sollten Olympische Winterspiele zugleich ein Anlass sein, über ihre Schattenseiten zu sprechen. 1936 gab es zur

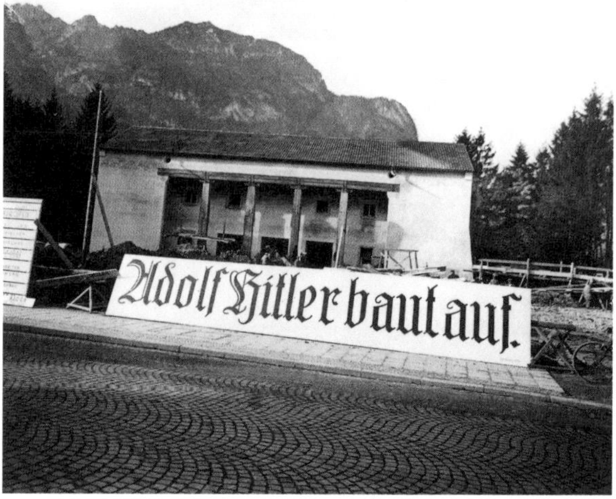

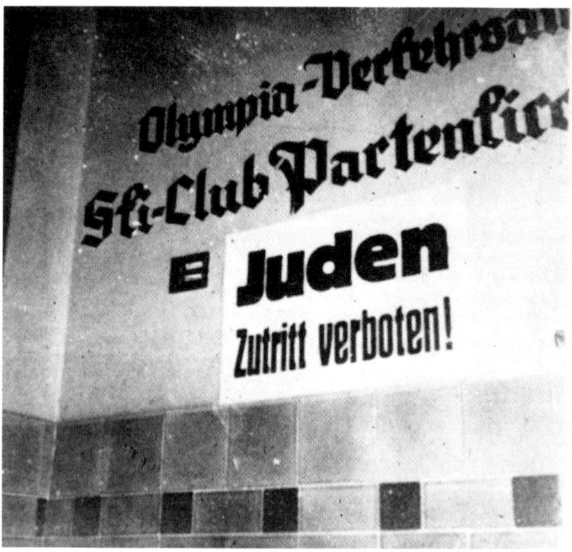

Oben: Propaganda beim Bau der Kongresshalle in Garmisch-Partenkirchen im Vorfeld der Winterspiele 1936.

Unten: Widerliches Hinweisschild des „Olympia-Verkehrsamtes Ski-Club Partenkirchen".

nationalsozialistischen Schreckenszeit die Schnee- und Eisbewerbe in Garmisch-Partenkirchen, wo man vorher widerliche Schilder „Vorsicht! Scharfe Kurve! Juden 100 Stundenkilometer!" entfernte. Fotos zeigten während der Sportbewerbe über dem Hinweisschild des „Olympia-Verkehrsamtes Ski-Club Partenkirchen" die Tafel „Juden – Zutritt verboten!".

Reichsportführer Hans von Tschammer und Osten hatte über die Nachrichtenagentur Associated Press im Namen der Nazis mitgeteilt, der deutsche Sport sei für Arier. Der Präsident des Organisationskomitees bedauerte daraufhin nicht Antisemitismus und Rassismus, sondern bloß deren negative Wirkung im Ausland.

Zugleich hielt er fest, dass seine Sorge nicht den Juden galt. Der Olympischen Bewegung genügte das und sie tolerierte die nationalsozialistische Ideologie. Mindestens. Angesichts der aktuellen Diskussion über Antisemitismus in Österreich sollten wir aus der Geschichte lernen: So etwas darf nicht hingenommen werden und niemals wieder passieren!

Der mühsame Wiederaufstieg

Nach dem Krieg waren die Winterspiele 1948 in Sankt Moritz ein seltsames Symbol. Großteils waren die Sportler- und Zuschauerzahlen auf jene wenigen Reichen beschränkt, die es sich in der Nachkriegszeit schon wieder oder noch immer leisten konnten, den Winter im mondänsten Skiort der Schweiz zu verleben. Erst 1952 in Oslo fanden wahrscheinlich jene Winterspiele statt, die dem Ideal von „Spielen der Freundschaft" am nächsten kamen: Von nennenswerten Vorfällen mit aus der Politik resultierenden Hinter- und Abgründen wurde nichts bekannt. Was allerdings leichtfiel, weil von den sportlichen und politischen Großmächten die UdSSR mangels Teilnahmeinteresse noch fehlte.

Nach bereits 1956 in Cortina d'Ampezzo rückläufigem Interesse vor Ort – obwohl Österreich da seinen Toni Sailer und dessen drei Goldmedaillen hatte –, symbolisierte Squaw Valley 1960 einen Widerspruch, mit dem der Skisport bis heute kämpft: Es gab erstmals einen aufgrund von Fernsehübertragungen stark steigenden Öffentlichkeitswert, doch vor Ort war tote Hose.

Was wenig überraschte. Der Ort, der heute Palisades Tahoe heißt, hatte zur Zeit der Vergabe der Spiele nur aus wenigen Häusern und einem einzigen Hotel bestanden. Dafür wurde Walt Disney zum künstlerischen Leiter der Eröffnungsfeier gemacht. Mickey Mouse und Donald Duck gewannen zwar nicht den Abfahrtslauf, aber Disney holte für ein Medienspektakel allein zum Auftakt mehr als 3.500 Musikerinnen und Musiker zusammen.

Der erste Anteil Österreichs

Aus Innsbruck 1964 berichteten bereits ungefähr 2.000 Journalisten, und schätzungsweise 200 Millionen Menschen vor dem Fernseher verfolgten die Winterspiele. Österreichs erster Auftritt als Veranstalter von Olympischen Spiele sollte eigentlich nach dem exotischen Abenteuer in Squaw Valley eine Rückkehr zur Vernunft einfacher Spiele sein. Gigantomanie gab es tatsächlich nicht, doch für das kleine Österreich war die Bedeutung der Spiele ganz groß.

Und es gab Gold im Rodeln, im Doppelsitzerbewerb der Herren. Was im Vergleich zu den Skimedaillen aber eher unterging, natürlich auch, weil das moderne Rodeln im Eiskanal kein Kinder- und Breitensport ist (Naturbahnrodeln war und ist nicht olympisch). Vor allem jedoch, weil in Österreich seit immer und ewig der Skisport Vorrang hat.

Ist es wirklich so wichtig, ob dieser oder jener Bergabfahrer ein paar Hundertstel einer Sekunde schneller ist? Für uns in der Alpenrepublik offenbar schon. Nach dem Nationalsozialismus mit ihrem Führerkult wäre die Idealisierung von Politikern seltsam gewesen. Also jubelte man Sportlern und vor allem Skifahrern zu. Als Toni Sailer bei den Olympischen Spielen in Cortina d'Ampezzo 1956 seine drei von drei möglichen Goldmedaillen gewann, passte er perfekt in diese Zeit. Mit seinen fünf Siegen in Kitzbühel sowieso.

In den Sechzigerjahren war Kitzbühel längst zum Szenetreff geworden. Politiker, Wirtschaftskapitäne plus Schauspielstars und Möchtegern-Promis zeigten sich kameragerecht an der Seite der Sportler. Die Botschaft „Ich bin einer von Euch!" eines Skisports für die österreichische Bevölkerung, die ging dabei den Skifahrern ein bisschen verloren. Mit dem Alltagsleben in Österreich hatte Kitzbühel nichts zu tun.

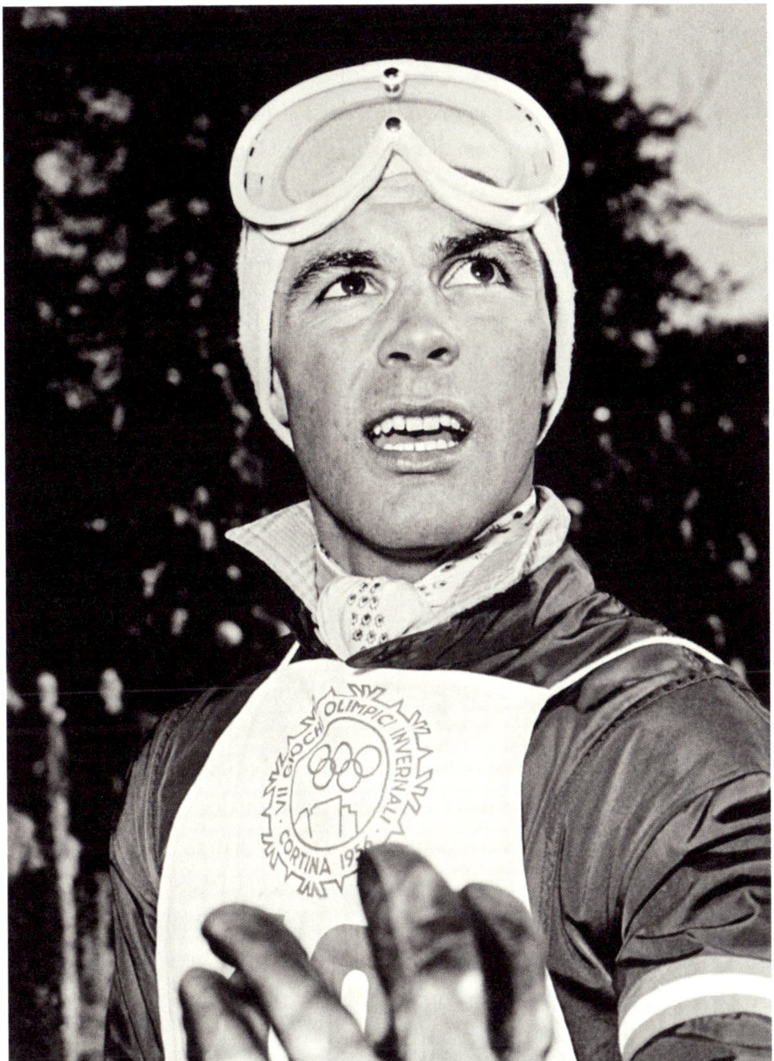

Skistar und Nationalheiliger: Der dreifache olympische Goldmedaillengewinner bei den Spielen 1956 in Cortina d'Ampezzo, Toni Sailer.

Zum Glück blieben Skimedaillen für die Alpenrepublik bei den Heimspielen in Innsbruck nicht aus. Es gab sieben Stück davon, die meisten aller Nationen. Drei davon glänzten in Gold. Nämlich jene von Egon Zimmermann und Christl Haas in der vermeintlichen Königsdisziplin Abfahrt und auch die von Josef „Pepi" Stiegler im Slalom. Wobei da ursprünglich Abfahrtsieger Zimmermann hätte starten sollen. Der fühlte sich offiziell aber nicht wohl, und später wurde ein geheimer Ausscheidungslauf zwischen Zimmermann und Stiegler ruchbar, den Zimmermann gewonnen haben soll. Doch danach soll erst recht in bester oder schlechtester österreichischer Tradition interveniert worden sein, damit der Verlierer startet.

Wie auch immer. Unbestritten ist, dass Erfolge auf Skiern zu Identifikations- und Integrationseffekten führen: „Wir" sind wieder wer, weil wir in dieser Sportart als die Besten des Erdballs gelten. Das führt bis heute zu einer Art Heiligsprechung von Toni Sailer, Annemarie Moser, Franz Klammer, Hermann Maier und Marcel Hirscher. Wer diese kritisiert, wird nahezu als Gotteslästerer gesehen.

Sogar der schüchterne Hinweis, dass – Einzelathletinnen und -athleten ausgenommen – bloß eine gute Handvoll Nationen das Skifahren professionell betreibt, macht einen fast zum Landesverräter. Dabei ist es ja schlau, sich als Kleinstaat für Sportsiege auf etwas zu spezialisieren, wo man nicht wie beim Fußball, Leichtathletik oder Tennis mit 200 anderen Staaten konkurrieren muss.

Was wäre passiert, wenn Zimmermann zu früh krank geworden wäre, Stiegler eingefädelt hätte und Haas gestürzt wäre? Den Zukunftsoptimismus oder allgemeine Staatstrauer sollte man nicht von einem „Einfädler" abhängig machen. Im Österreich der Sechzigerjahre tat man das aber, und zwölf Jahre später in der Klammerhysterie noch viel mehr.

Charles de Gaulle und Jean-Claude Killy

Sportskandale spiegelten nicht zufällig die Konfliktlinien im Ost-West-Konflikt. Das zeigte sich bei den Olympischen Winterspielen 1968 in Grenoble. Im Rodelbewerb der Frauen feierten Sportlerinnen aus der DDR einen Doppelsieg, wurden aber disqualifiziert, weil sie ihre Schlitten durch Vorheizen der Kufen unzulässig präpariert haben sollen. Wobei es je nach politischer Meinung zwei widersprüchliche Sichtweisen gab: Die eine Seite sprach von einer geschickt eingefädelten Verleumdungskampagne. Die anderen – so schrieb im Gegenzug eine Zeitung in der Bundesrepublik Deutschland über „elende Lügen und Betrügereien der Ostdeutschen" – unterstellten gleich der ganzen Mannschaft aus der DDR und sämtlichen Teams aus allen Ländern des Ostblocks betrügerische Absichten. Was angesichts des heutigen Wissensstands rund um staatliche Dopingprogramme teilweise stimmte.

Es ging, wie aktuell beim russischen Staatsdopingskandal und dem verbrecherischen Angriffskrieg dieses Landes, nicht um Ausschlüsse einzelner Sportlerinnen und Sportler, sondern grundsätzlich um Politik. Ein Doppelsieg im Rodeln hätte den vor fünfzig Jahren von vielen Staaten diplomatisch nicht anerkannten Ostdeutschen geholfen. Im Unterschied zum nachgewiesenen Dopingbetrug der Russen waren freilich die damaligen Umstände seltsam: Die Rodelkufen wurden vor dem Start durch Handauflegen (!) geprüft und erst nach Vorliegen der Endzeiten – also nachdem man realisierte, dass Rodlerinnen aus der DDR gewonnen hätten – für unzulässig erklärt. Etwas kurios war da die Aussage des österreichischen Rodel-Mannschaftsführers Anton Weißnicht, der die Kufenaffäre mit den Worten „Das ist schlimmer als Doping!" kommentierte. Doch war Weißnicht 1968 in Grenoble natürlich bedeutungslos.

Jean-Claude Killy überragte alle und alles. Der Franzose wiederholte das Kunststück Toni Sailers von vor zwölf Jahren und holte die Goldmedaillen in allen Skirennen, in der Abfahrt, im Slalom und im Riesenslalom.

Das war mehr als ein Sporttriumph. Denn mit der Organisation der Winterspiele waren die Generalstabsoffiziere von Staatschef Charles de Gaulle betraut. Dieser hatte nach enttäuschenden Ergebnissen der französischen Sportler schon 1960 eine „Sportkaserne" für künftige Erfolge eingerichtet. Eine streng militärische Planung des Generals de Gaulle also.

Zudem hatte die französische Regierung für die Grenobler Spiele angeblich 240 Millionen US-Dollar ausgegeben. Geld schießt beim Fußball bekanntlich keine Tore. Doch es macht offenbar Wintersportler schneller: Im Slalom triumphierte Killy allerdings erst nach einer sehr umstrittenen Disqualifikation des Österreichers Karl Schranz, woraufhin es in Wien zu Demonstrationen vor der französischen Botschaft kam – was de Gaulle freilich wenig beeindruckt haben dürfte.

Unser Karli

Auch die Olympischen Winterspiele in Sapporo 1972 standen ganz im Zeichen des Kalten Krieges zwischen den USA und ihren westlichen Verbündeten sowie der UdSSR als Reich des Bösen. Medien auf beiden Seiten akzeptierten damals sogar die weltweite Zensur von Interviews mit sowjetischen Sportstars; Eiskunstläuferin Irina Rodnina wurde jahrzehntelang mit Dolmetsch befragt, obwohl sie ausgezeichnet Deutsch und Englisch sprach. Notfalls kam es zur Neuaufzeichnung des Gesprächs – so etwa in Sapporo, als Rodnina in einer von den Sowjets unerwünschten Erstfassung nur Freunde in Bayern erwähnte. Nach der sowjetischen Intervention war von vielen Freunden in allen Teilen Deutschlands die Rede. Also auch in der DDR.

Uns in Österreich war beides egal, denn wir interessierten uns ohnedies nur für die Abfahrtsläufe. Bei den Damen holte die 18-jährige Annemarie Pröll sowohl direkt bergab als auch im Riesenslalom „nur" Silber hinter ihrer schweizerischen Dauerrivalin Marie-Theres Nadig. Doch es gab ja auch den Favoriten in der Abfahrt der Herren: den aus rot-weiß-roter patriotischer Sicht beim Slalom vor vier Jahren in Grenoble im dichten Nebel hundsgemein zu Unrecht und zugunsten Killys disqualifizierten Karl Schranz.

Die Geschichte des großen Karli war sogar doppelt tragisch, weil er als einer der Favoriten bereits 1964 erkrankt war. 1972 sollte dann, so der Wunsch der österreichischen Skifans, das Jahr der emotionalen Wiedergutmachung werden. Aber am 31. Jänner 1972 beschloss das IOC mit 28 zu 14 Stimmen, Karl Schranz vor dem Abfahrtslauf in Japan nach Hause zu schicken. Er hätte gegen den Amateurparagrafen verstoßen. Der Anlassfall klang lächerlich: ein Foto von Schranz im

Fußballdress mit dem Logo einer Kaffeefirma. In der Sache hatten die olympischen Funktionäre einerseits formal recht, agierten aber doppelmoralisch und verlogen.

Natürlich war für Herrn Schranz Skifahren ein Beruf, und er wird kaum die Regel Nummer 26 des Amateurstatuts eingehalten haben, die sein Training auf sechzig Tage im Jahr begrenzte und grundsätzlich verbot, seinen Namen, Fotos und Erfolge von ihm für Werbung zu verwenden. Allerdings verletzten kommunistische Staatsamateure aus der UdSSR oder DDR den entsprechenden Paragraphen genauso wie andere Ski- und Langlaufstars aus dem sogenannten Westen. Dass es allen olympisch Beteiligten natürlich auch um viel Geld ging, war damals ein Tabuthema. Das IOC bezeichnete scheinheilig und voller Doppelmoral Schranz als An- und Verführer, dem schnöden Mammon zu erliegen, und machte ihn zur tragischen Figur.

Und gleichzeitig zum Volkshelden: 100.000 Leute standen bei seiner Rückkehr auf der Fahrt vom Wiener Flughafen Spalier – mangels Flughafenautobahn durchquerte man auf dem Weg ins Zentrum noch die Bezirke Simmering und Landstraße. Der Triumphzug endete im Bundeskanzleramt ausgerechnet am Ballhausplatz, ganz nahe dem geschichtsträchtigen Wiener Heldenplatz. Dort wurde das Ganze dem historisch gebildeten Bundeskanzler Bruno Kreisky unheimlich. Der politische Sonnenkönig wollte sich nicht mit Schranz ebenda bejubeln lassen, wo sich in unmittelbarer Nachbarschaft einst Adolf Hitler feiern hatte lassen. Obwohl als Politiker ein Medienprofi, überließ Kreisky die Balkonbühne lieber allein Karl Schranz.

Tragikomisch war, dass sich ganz Österreich über den IOC-Präsidenten Avery Brundage empörte, nur weil er unseren Karli nicht mochte. Niemanden interessierte, dass Brundage ein widerlicher Antisemit und Rassist war. Deshalb war Brundage ein verachtenswerter Kotzbrocken und nicht wegen Schranz.

Dem Sportler Karl Schranz wiederum bereitete die Jubelszenen in Wien 1972 selbst Unbehagen. Auch kritisierte er vor langer Zeit selbst das IOC, fand aber in der jüngeren Vergangenheit laufend freundliche Worte für den russischen Präsidenten Vladimir Putin. Der ist viel, aber sicher kein Demokrat. Unter dem Strich bleibt lei-

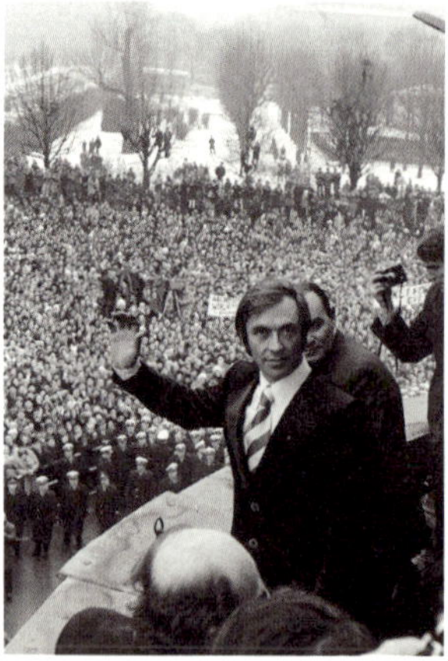
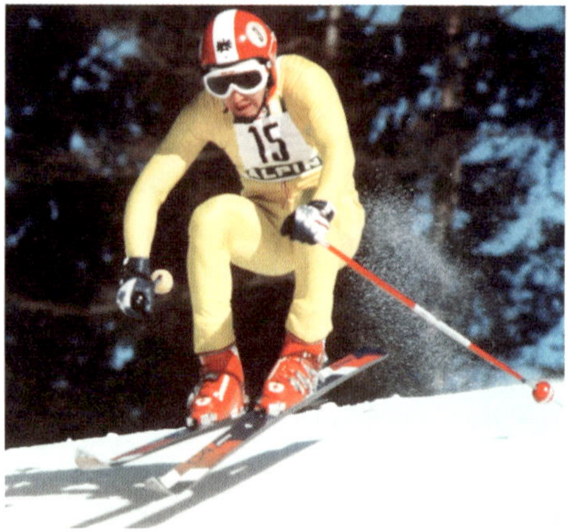

Links: Der gefeierte Karl Schranz am Balkon des Bundeskanzleramtes in Wien nach seinem Ausschluss von den Winterspielen 1972 in Sapporo.

Rechts: Skilegende Franz Klammer auf dem Weg zu Olympiagold in der Abfahrt bei den Spielen 1992 in Innsbruck.

der, dass Sportfunktionäre und Sportler mit ihrer politischen Rolle überfordert sind.

Ursprünglich wollte übrigens die österreichische Delegation nach dem Ausschluss von Schranz abreisen, also die Spiele boykottieren. Schweizer und andere Nichtamateure unter den Skifahrern sollen Bereitschaft gezeigt haben, aus Solidarität mit Schranz auch nicht zu starten. Doch all das erwies sich als heiße Luft. Die Abfahrt gewann letztlich Bernhard Russi. Er kam aus Andermatt in der Schweiz, und die solidarischen Eidgenossen jubelten.

Das zweite Innsbruck und die „Klammermania"

Ein österreichischer Boykott der Winterspiele in Sapporo oder eine vorzeitige Abreise wären insofern dämlich gewesen, weil in diesem Fall die Olympischen Winterspiele 1976 ganz sicher nicht im tirolerischen Innsbruck stattgefunden hätten. Das ursprünglich als Veranstaltungsort vorgesehene Denver hatte erst 1973 seinen Gastgeberstatus zurückgezogen. Innsbruck sprang ein. Kein einziges Mitglied des IOC wäre dafür gewesen, hätte es sich bei Österreich um ein Boykottland gehandelt.

So jedoch wurde man neuerlich Veranstalterland. Im Grunde war es aus rein österreichischer Sicht übertrieben, dass gleich so viele Sportbewerbe organisiert werden mussten, obwohl man sich neben ein bisschen Skispringen nur für ein einziges Rennen interessierte: den Abfahrtslauf der Herren. Gewinnen musste es der Seriensieger Franz Klammer.

Die Skifahrer als Retter der Nation

Eine Sache war klar: Je nachdem, ob Franz Klammer Bruchteile von Sekunden schneller oder langsamer fahren würde als der Schweizer Olympiasieger von 1972, Bernhard Russi, wird das als nationaler Triumph bejubelt oder als Debakel des Landes beklagt werden. Klammer gewann, und Österreichs Zeitungen feierten mit Schlagzeilen in einer Größe, als wäre Christus ein zweites Mal auferstanden. Für den Fall, dass Klammer die Silber- oder Bronzemedaille gewonnen hätte, war eine Staatstrauer geplant. Warum nur, warum?

Staaten brauchen Symbole ihrer Einigkeit. Dazu gehören natürlich Dinge wie Fahne und Hymne. Noch besser für die nationale Identität eignen sich Sporterfolge. Solche sind für das kleine Österreich im Fußball schwierig und bei Olympischen Sommerspielen fast unmöglich. Also müssen die skifahrenden Volkshelden vor einem millionenfachen Fernsehpublikum die Nation retten.

Zugleich sind „wir" in Österreich beim Nationalstolz echte Champions. Dieser ist nach Umfragedaten fast nirgendwo in EU-ropa stärker ausgeprägt und auf der ganzen Welt auch nur in wenigen Ländern wie den USA mehr verbreitet als in der rot-weiß-roten Republik. Zur Befriedigung dieses Stolzes wurde Klammer zum Helden gemacht.

Wenn in Österreich durch den Klimawandel und einen damit verbundenen Einstellungswandel Skirennen in Zukunft weniger interessieren sollten als früher zu Klammers Zeiten, leidet womöglich das Gefühl der Zusammengehörigkeit. Die Gründe sind zum Teil geschichtlich: 1918 wurden wir zum fast bedeutungslosen Kleinstaat. Bei der Neuordnung des Kontinents hieß es abfällig: „Der Rest ist Österreich!" Sowohl damals als auch nach dem Anschluss an Deutschland 1938 und während der Schreckensherrschaft der

Nazis bis 1945 gab es Zweifel an der Überlebensfähigkeit des Landes. Wir brauchen etwas, bei dem wir kein Anhängsel mit Minderwertigkeitskomplex sind, sondern weltweit führend. Gut, dass es da neben Staatsoper und Mozartkugeln die ebenso friedlichen und süßen Skifahrer gibt.

Gefährlich war an der Sache nur, dass Österreichs Selbstwert tatsächlich davon abhängig war, ob Franz Klammer siegte oder ausfiel. Ein im Abfahrtslauf zum Glück unwahrscheinlicher „Einfädler" Klammers oder eine zweite Goldmedaille Russis hätte die gute Stimmung oder gar den Zukunftsoptimismus in ganz Österreich zerstört. Diese These ist leicht belegbar: Als die Schweiz zu Zeiten von Pirmin Zurbriggen und Vreni Schneider die Skiszene der Achtzigerjahre beherrschte, empfand das die Pseudo-Anhängerschaft des rot-weiß-roten Teams als am Rande einer Staatskrise.

Echte Fans stehen nur theoretisch geschlossen hinter Dauerzweiten und Verlierern, ohne das große Elend und Ende Österreichs zu betrinken. Schlimmer noch: Die „Kaiser Franz!"-Euphorie, die Klammer ausgelöst hatte, sollte nicht zur Verstärkung eines Wir-Gefühls führen, das durch Vorurteile geprägt ist. Bei allem Stolz auf Klammer oder Moser-Pröll und später Hermann Maier und Marcel Hirscher sowie Anna Fenninger-Veith und Katharina Liensberger darf der nationale Schulterschluss niemanden aus anderen Ländern zu Feindbildern machen.

Als aber der heimische Skisport in der Krise war, tat man sich schwer mit der Anerkennung der Tatsache, dass die anderen schlicht und einfach besser fuhren. Alberto Tomba alias „la Bomba" etwa wurde, anders als die Schweizer, geliebt, doch davor gab es Verschwörungstheorien über angeblich hinterhältige Italiener mit Wunderwachs.

Der medial ungeeignete Fünffachsieger

Die Olympischen Winterspiele im US-amerikanischen Lake Placid standen im Zeichen der Boykottdiskussionen rund um die Moskauer Sommerspiele. Doch hielt sich anfangs das Interesse des Publikums an den Sportbewerben in so engen Grenzen, dass eine propagandistische Verwertung von Siegen und Medaillen für die Politik kaum möglich war.

Zum Beispiel gewann der Sowjetrusse Nikolay Zimyatov vor seinem Landsmann Vasily Rochev den ersten Langlaufbewerb, aber wer waren die beiden schon? Zudem gab es sowieso keine chancenreichen Amerikaner am Start. Und auch kaum Landsleute, die überhaupt wussten, was Skilanglauf ist.

In Anbetracht dessen soll ein Spötter ausgerufen haben: „Die Amerikaner boykottieren ja die Falschen, nämlich ihre eigene Olympiade!“ Eine New Yorkerin wurde im Fernsehen so zitiert: „Ich denke, wir boykottieren die Spiele?“ Zu schlechter Letzt musste das als „Heartbreak Kids“ inszenierte Eiskunstlaufpaar Tai Babilonia und Randy Gardner verletzt aufgeben und konnte logischerweise so den Sowjets nicht die gewohnte Goldmedaille entreißen. Allerdings hielten sich die Sowjets mit allzu propagandistischer Berichterstattung sowie Kritik an der grottenschlechten Organisation zurück, weil man ja noch auf einen Nichtboykott der Sommerspiele hoffte.

Dass Leonhard Stock Abfahrtsgold für Österreich holte, obwohl er nur als Ersatzmann mitgereist war, das interessierte weder in den USA noch in der UdSSR die sprichwörtliche Sau. Die heftigen innerösterreichischen Emotionen, weil einerseits Ex-Seriensieger Franz Klammer zu Hause bleiben musste und andererseits Annemarie Moser-Pröll acht Jahre nach Sapporo das verpasste Gold in der Abfahrt nachholte, blieben ohne jedwede globale Bedeutung, Ingemar Stenmarks Doppelgold im Slalom und Riesenslalom detto.

Obwohl Moser-Prölls Geschichte durchaus Stoff für Legendenbildung bot: 1972 war sie als haushohe Favoritin der Schweizerin Marie-Theres Nadig unterlegen, welche die Abfahrtsaison 1980 dominierte – bis auf das letzte Rennen bei den Spielen, wo Moser-Pröll siegte. Wie auch in Lake Placid, wobei ihr Lächeln im Starthaus alpenrepublikanische Bildgeschichte machte.

Bei Überraschungsolympiasieger in der Männerabfahrt Leonhard Stock – er war eigentlich nur als Ersatzmann nach Lake Placid gereist, hatte aber in allen Trainingsläufen Bestzeit erzielt und wurde nach heftigen Diskussionen doch aufgestellt – war es eher so, dass seine

Skifirma glücklich war, weil man mit dem als Star eingekauften Klammer nichts gewonnen hatte. Der wahre österreichische Held war 1980 in Lake Placid der Skispringer Anton Innauer. Weil er vier Jahre davor als 17-jähriger Topfavorit emotional überfordert gewesen war und nun nach vielen Verletzungen doch sein Gold holte. Vor allem jedoch, weil er bis in die Gegenwart immer nachdenklich und reflektierend war und ist. Als Sportler, Trainer und Kommentator. In seiner Funktion als für den Langlauf zuständiger Direktor im Österreichischen Skiverband ist er später zurückgetreten, weil er mit dem Doping und dessen Beschönigung nichts zu tun haben wollte.

Zurück zum Kalten Krieg: Obwohl die Sowjets mehr Medaillen gewannen, gab es für die USA einen Nationalhelden. Eric Heiden schaffte, was davor und danach und vermutlich für die Ewigkeit niemandem gelang: Er gewann im Eisschnelllauf alle fünf Strecken und Goldmedaillen von 500 Meter bis 10.000 Meter. Parallel dazu wurde alles getan, was für eine hübsche Nationalgeschichte notwendig war. Von Heidens angeblichem Verschlafen an einem Renntag bis zum Strauchler und dem Aufholen unaufholbarer Rückstände.

Warum kennt also heutzutage nicht jedes Kind Eric Heiden und nennt ihn in einem Atemzug mit den größten Superstars des Sports? Das Problem bei der Instrumentalisierung seiner Person für Politik und Medien war, dass der Mann selbst das nicht wollte. Weil er trotz 74 Zentimeter Oberschenkelumfangs introvertiert und schüchtern war.

Und weil Heiden andere Prioritäten setzte. Zum Beispiel so: „Was kannst du mit einer Goldmedaille anfangen? Ich hätte lieber einen schönen Trainingsanzug. Goldmedaillen liegen nur da. Vielleicht kann ich sie im Alter verkaufen, wenn ich mal Geld brauche." Er wolle einfach nur Eisschnelllaufen.

Nach den Spielen beendete Eric Heiden seine Karriere und suchte sich im Radfahren neue Herausforderungen. Statt Superstar war er hier einer von zahllosen Fahrern im hinteren Feld der Tour de France. Was sollte man mit so einem Kerl in der politischen und nationalistischen Vermarktung anfangen? Nichts. Immerhin jubelte Heiden als Eishockeyfan seinen Landsleuten im Halbfinalspiel gegen die UdSSR zu – vor seinem eigenen letzten Rennen.

Miracle on Ice

Im US-amerikanischen und kanadischen Sport hielt man es damals so, dass man die eigene Profiliga im Eishockey nicht durch etwas so Lächerliches wie Olympische Spiele beeinträchtigen lassen wollte. Die Kriterien des Amateurparagrafen hätte man sowieso nie im Leben erfüllt. Also spielten gegen die sowjetischen Staatsamateure nur Collegeboys.

Für die UdSSR war 1980 mit Boris Mikhailov, Vladimir Petrov und Valeri Kharlamov die jahrzehntelang beste Sturmreihe der Welt auf dem Eis. Dahinter formierten sich Viacheslav Fetisov und Alexei Kasatonov als bestes Verteidigerduo der Eishockeyweltgeschichte. Gemeinsam mit dem noch jugendlichen Sturmduo Sergei Makarov und Vladimir Krutov, deren Brillanz niemals mehr jemand erreichen sollte. Diese sowjetische Mannschaft sollte nur ein Jahr später beim Canada Cup die allerbesten Ahornblattprofis rund um Wayne „The Great One“ Gretzky aus der Halle schießen – mit 8:1.

Doch an jenem unglaublichen Tag in Lake Placid gewannen 1980 die Studenten aus den USA mit 4:3. Keiner weiß, warum und wie das passieren konnte. Doch es schallte „USA, USA, USA!“ durch die Halle. Das Wunder auf dem Eis war passiert. Bis heute heißt es „Miracle on Ice“. Das Veranstalterland hatte seinen Triumph. Die fast tragische Fußnote der Geschichte: Keiner der zwanzig jugendlichen Eishockeyhelden der USA wurde später zu einem wirklich berühmten Eishockeyspieler.

Übrigens war im Olympischen Dorf der Krieg in vollem Gange. Mit Schnellfeuerwaffen, Boden-Luft-Raketen, Torpedos und Atombomben. Häuser wurden zerbombt, Schiffe versenkt und die Menschheit ausgerottet. Im „Spielzimmer“ des Erholungszentrums im Dorf standen nämliche Dutzende Spielautomaten für seltsame Kriegsspiele. Dass das diametral zum Friedensgedanken der Olympischen Spiele war, fiel keinem auf.

Wollen Sie auch eine schöne Geschichte aus Lake Placid hören? Juha Mieto sah aus wie der klassische Wikinger, obwohl er aus Finnland kam: hünenhaft und mit Rauschebart. Doch war er ein Riese mit sanftem Gemüt, still und ruhig, ein Friedensapostel –

und ein Langläufer der absoluten Weltklasse. Aber immer war einer noch schneller gewesen.

In Lake Placid hatte Mieto seine allerletzte Goldchance und verpasste sie gegen den Schweden Thomas Wassberg. Um ein paar Tausendstel einer Sekunde. Danach und bis heute wurde die Zeitmessung auf Zehntelsekunden umgestellt, um solche Grausamkeiten zu verhindern. Doch Mieto saß im Ziel da und lächelte einfach glücklich. Er hatte sein Bestes gegeben und war mit sich im Reinen.

Die Ohrfeige von Sarajevo

Der Literaturnobelpreisträger Ivo Andrić schrieb über das bosnische Sarajevo: „Das ist eine Stadt, die sich abnutzt und stirbt, die aber gleichzeitig neu geboren wird, und sich wandelt." Sieben Jahre nach den Olympischen Winterspielen 1984 sollte Sarajevo als Mittelpunkt eines grausamen Bürgerkriegs fast sterben.

Doch die Spiele in Sarajevo 1984 fanden noch zur Zeit eines einheitlichen Jugoslawiens statt. Sie waren das letzte Symbol der künstlichen jugoslawischen Einheit, aber gleichzeitig auch Anlass für eine Demonstration von Pfeifkonzerten, wo immer Amerikaner auftraten. Deren geheimdienstlich-mediale Gegenoffensive führte dazu, dass Radio Free Europe und Radio Liberty ihre Akkreditierung verloren, weil das IOC (reichlich spät) die CIA-Finanzierung der Sender bemerkte. Von der Medaillenzahl her deklassierten UdSSR und DDR den „Westen".

In Sarajevo war aber auch siebzig Jahre vor den Winterspielen der österreichische Erzherzog Franz Ferdinand von Gavrilo Princip erschossen worden – was den Ersten Weltkrieg ausgelöst hatte. Inwiefern stand das mit einem Sportereignis so lange danach in Zusammenhang? Weil sich Menschen aus Österreich wie aus Bosnien so aufführten, als hätten sie noch einen Krieg auszutragen. Nachdem Skispringer Hans Wallner 1984 in Sarajevo angeblich einen Sicherheitsbeamten geohrfeigt hatte, gab es vor Ort üble Schimpfworte und Pfiffe gegen alle Österreicher. Als Revanche enthielten heimische Politikerstimmen allerlei offene Fremdenfeindlichkeiten. Wäre das bei heutigen Spielen in Bosnien anders?

Die Direktdemokratie als Ende der Spiele?

Calgary 1988 waren die Spiele von „Tomba la Bomba". Der gewichtige Italiener Alberto Tomba gewann die Goldmedaillen im Slalom und Riesenslalom, während sich Skiösterreich eher mühsam seine Erfolgsgeschichten basteln musste. Erst ein Jahr später sollte Rudi Nierlich – der 1991 bei einem Autounfall früh verstarb – in Vail in Colorado zum Doppelweltmeister werden und Tomba die Show stehlen. In Calgary siegte Hubert Strolz in der eher unpopulären Kombination der Alpinen. Doch weil er in kürzester Zeit vom reinen Slalom- und Riesenslalomfahrer zum tauglichen Abfahrer geworden war, hatte das was.

Jahrzehnte später wurde in Calgary überlegt, sich für die Winterspiele 2026 zu bewerben, doch die Bevölkerung sprach sich in einem Referendum dagegen aus. Ebenfalls Mehrheiten gegen die Austragung Olympischer Winterspielen gab es bei Volksbefragungen in der Schweiz und in Österreich – so etwa in Wien 2013, im Land Tirol trotz Bewerbung durch den Schlagersänger „DJ Ötzi" 2017 und in Graz 2018. In Deutschland wagte nach Pleiten bei den Olympiareferenden für München 2022 und Hamburg 2024 – es war in den Jahren 2013 und 2015 abgestimmt worden – kaum noch jemand Veranstalterversuche.

Ein gesprengter Berg

Politisch standen die Olympischen Winterspiele in Albertville 1992 im Zeichen des letztmaligen gemeinsamen Antretens einer Sportlerriege der gewesenen UdSSR – wie bei den Sommerspielen als „Gemeinschaft unabhängiger Staaten" vulgo GUS – und des wiedervereinigten deutschen Teams. Die GUS lagen in der inoffiziellen Nationenwertung klar vor dem früheren Hauptrivalen USA und wurde nur von Deutschland übertroffen – oder besser gesagt von den Resten der DDR. Denn neun von zehn Deutschen, die siegten, hatten ihr Handwerk in der DDR gelernt. Ob sie gleichzeitig Politoffizier waren oder Täter und Opfer von systematischem Staatsdoping, das tat dem schwarz-rot-goldenen Feiern keinen Abbruch. Ach ja, und auch Österreich bejubelte einen Medaillenregen mit Patrick Ortlieb als Abfahrtsolympiasieger an der Spitze.

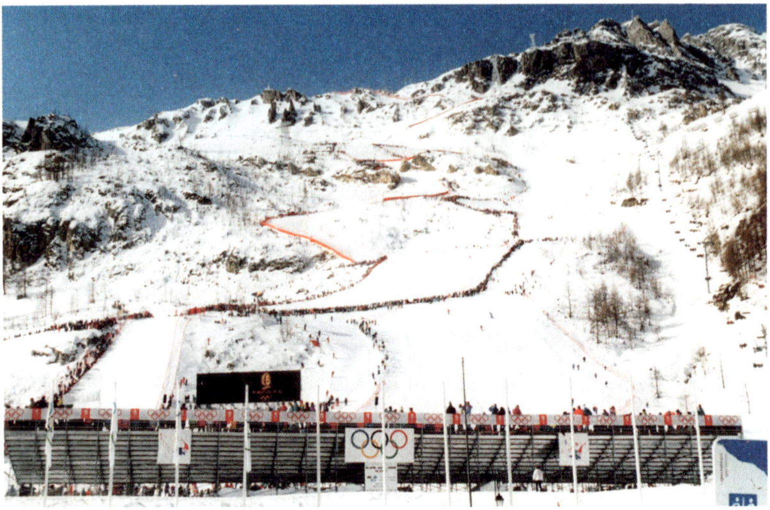

Massive Umweltzerstörung für ein Event: Die Abfahrtsstrecke der Herren bei den Winterspielen 1992 in Albertville..

Die Spiele von Albertville zeigten jedoch auch zum ersten Mal, dass die Umwelt- und Klimakrise vor Olympia keinen Halt macht – weil man sich geradezu todsündig verhält. Für den olympischen Abfahrtslauf wurde extra eine Strecke in den Berg gesprengt, obwohl auf dem gegenüberliegenden Berg in Val d'Isere seit zwanzig Jahren wunderbare Abfahrtsrennen ausgetragen wurden. Man nahm schwere Umweltschäden in Kauf, wobei der neu gebaute Pistenverlauf mehr einem in der Bobbahn stattfindenden Super-Riesenslalom glich. Sogar Olympiasieger Ortlieb erklärte nach seinem Triumph, er sei froh, auf dieser Strecke nie wieder starten zu müssen.

Insgesamt wurden in Albertville für die Olympischen Winterspiele 33 Hektar Wald gerodet. In den Berg der Sprungschanze für das Skispringen goss man 600 Tonnen Beton. Abgesehen von den Umweltsünden war das unwirtschaftlich; das geplante Budget der Spiele wurde um das Dreifache überschritten.

IOC-Präsident Thomas Bach stellte übrigens fast dreißig Jahre später die Agenda 2020 vor. Ein Reformpaket, das all die Kritiker besänftigen sollte: Die Kosten für die Bewerber sollten reduziert, deren Konzepte auf Nachhaltigkeit getrimmt werden, besonders sei auf schon bestehende Infrastruktur, den Kostenrahmen oder die nachträgliche sinnvolle Nutzung der Neubauten zu achten. Verwirklicht wurde davon wenig, nur Lillehammer war eine erfreuliche Ausnahme.

Das norwegische Ideal

Die Spiele in Lillehammer 1994 sollten grün sein, also betont umweltfreundlich. Oder es war geschicktes „Greenwashing". Also für die Verpackung ein grüner Anstrich, um das Image aufzubessern. Diese Art des „grünen" Marketings hat eben den hübschen Namen Greenwashing bekommen.

Die Spiele fanden zumindest mit überschaubar voneinander entfernten Sportstätten statt, und auf extreme Monumentalbauten wurde verzichtet: Die für Olympia gebaute hölzerne Eisschnelllaufhalle in Form eines umgekippten Wikingerschiffs und die Skischanzen werden bis heute unverändert für Trainingslager und größere Sportveranstaltungen genutzt. Doch die eigens gebaute Bobbahn ist und bleibt ein unrentables Relikt, solange da nicht wieder Olympische Spiele stattfinden. Und in Håkons Hall, der zweiten großen Halle, gibt es abgesehen von einer gelegentlichen Handballweltmeisterschaft kaum etwas, das seit dem Olympischen Eishockeyturnier die Ränge füllt.

Trotzdem waren die Winterspiele 1994 in der kleinen norwegischen Stadt Lillehammer ein Positivbeispiel. Mit dem dauernd strahlenden Wetter in einer romantischen Winterlandschaft hatte man Glück. Genauso zeigten der norwegische König und die Regierung kein Bedürfnis, die Spiele für sich zu instrumentalisieren; sie haben ja sowieso das jährliche Holmenkollen Skifestival als nordisches Highlight des Landes. Lillehammer war also atmosphärisch schön.

Dass man das in Österreich nicht so schätzen konnte, lag an einem im Vergleich zur Medaillenflut zwei Jahre zuvor in Albertville mittelmäßigen Abschneiden. Zugleich gab es Olympiasieger, die sich einfach schlecht vermarkten ließen: Thomas Stangassinger war ein fantastischer Slalomläufer und sympathischer Mensch, doch er hatte auch als Olympiasieger aus der Sicht von Marketingexperten das Charisma einer Torstange.

Herminator

Was auch immer bei den Olympischen Winterspielen 1996 im japanischen Nagano politisch passierte, interessierte in Österreich niemanden. Denn es waren die Spiele von Hermann Maier, dem „Herminator", so sein Spitzname in Anlehnung an Arnold Schwarzenegger. Maier gewann bereits im Vorfeld seine Rennen überzeugend und oft überlegen – zum Beispiel den „Superriesentorlauf" vulgo Super G im heimischen Schladming. Sein Zähnefletschen am Start, seine Lieblingsnummer Acht auf der Brust wurden zu den Symbolen des Monstervorsprungs im Ziel.

Maier kam nach Japan als Favorit in der Abfahrt. Und im Super G. Und im Riesenslalom. Und in der Kombination. Nachdem er, was kaum jemand noch in Erinnerung hat, davor auch in einem Weltcup-Slalom in Veysonnaz sensationell den zehnten Platz belegt hatte. Auch Maiers erster Bewerb in Nagano war der Kombinationsslalom, den er aussichtsreich platziert beendete, schließlich war er der weltbeste Abfahrer.

Doch Spezial- und Kombinationsabfahrt waren zunächst in einem ständigen Verschiebungswettbewerb. Dann starteten zuerst die Spezialisten. Maier legte los, als wollte er die Strecke fressen, doch diese warf ihn ab. Das Bild des quer durch die Luft segelnden und weit über die Pistenabsperrung hinausstürzenden Hermann

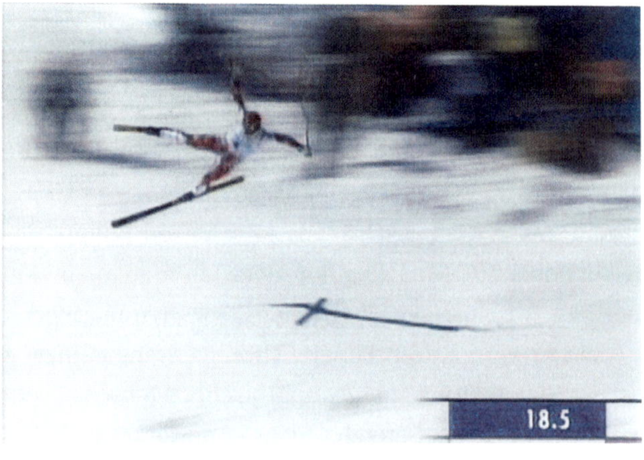

Der „Jahrhundertsturz" von Hermann Maier im Abfahrtslauf in Nagano 1996.

Maier machte ihn weltweit berühmter als jeder seiner Siege. Abfahrtsgold war pfutsch, das in der Kombination aufgrund seiner Blessuren und der Zwangspause auch. Nach diesem spektakulären Sturz in der Abfahrt triumphierte der „Herminator" jedoch trotzdem in Super G und Riesenslalom. Die Legende lebte.

Hermann Maier hatte alles, was sich zur Legendenbildung eignete. Er war Skilehrer, doch sein Talent als Rennfahrer blieb zunächst aufgrund einer chronischen Verletzung der Patellasehne verborgen, weswegen er in den Kadern der österreichischen Nationalmannschaft keine Aufnahme fand. Er trainierte auf eigene Faust und Kosten. Als Vorläufer bei einem Riesenslalom wäre er aber nach einer inoffiziellen Zeitnahme vorne mit dabei gewesen. Woraufhin der Skiverband sich für ihn interessierte. Dann verletzte sich Maier neuerlich und verpasste seine erste Weltmeisterschaftschance.

Um nachher erstmals zu gewinnen. In der nächsten Saison gewann Hermann Maier den Gesamtweltcup. In der Folge wurde er zweimal Olympiasieger, dreimal Weltmeister, gewann drei weitere Male die Gesamtwertung und zehnmalig eine Disziplinenwertung des Weltcups. Zudem feierte er 96 Podestplätze, davon 54 Siege: 15 in der Abfahrt, 24 im Super G, 14 im Riesenslalom und eine Alpine Kombination.

Politisch überschlug sich Österreich in Glückwunschbekundungen. Als 2010 Hermann Maier als Skifahrer der Nation zwölf Jahre nach Nagano zurücktrat, stellte der damalige Bundeskanzler Werner Faymann zeitgleich ein Projekt Österreich 2020 vor, und Vizekanzler Josef Pröll hielt eine Rede zu den Perspektiven der Nation. Da war für Österreichs Medien klar, was wichtiger war. Über den politischen Blick in die Zukunft wollten Fernsehen und Zeitungen nicht im Detail berichten, sekundengenaue Rückblicke auf die Maier'sche Erfolgszeit aber hatten Hochsaison. Zur besten Sendezeit und auf den Titelseiten.

Das Wetter

Doch gab es in Nagano wirklich nichts, was politisch wichtiger war als ein österreichischer Skifahrer? Kaum. Sogar das Wetterchaos war vorhersehbar, schließlich hatte sich herumgesprochen, dass durch die Nähe zum Pazifik für den Wintersport schwierige klimatische Bedingungen herrschten. Es kam, was kommen musste: Neuschneemassen und ein Wärmeeinbruch mit monsunartigen Regengüssen.

Sturm und Nebel gab es sowieso, „El Niño“ hieß der Wind, welcher beim Skifahren und Skispringen der gefährlichste Gegner war. Mit Jean-Luc Crétier gewann prompt ein Unbekannter die Abfahrt – nicht nur, weil Maier gestürzt war. Warum man ausgerechnet an so einem Wetterort winterliche Spiele abhalten wollte?

Schuld daran war ein gewisser Yoshiaki Tsutsumi, der reichste Mann des Landes. Als Milliardär und Inhaber des Eisenbahn- und Hotelkonzerns Seibu erwartete er durch das Sportweltereignis neues Kapital und einen Boom für seine Tourismusinvestitionen. Dummerweise schlitterte Japan 1998 in eine tiefe Rezession.

Zusätzlich sorgten schon im Vorfeld mangelndes Interesse in Japan, eine überbordende Bürokratie sowie weit auseinanderliegende Wettkampfstätten für negative Schlagzeilen. Neben Maier blieb noch am ehesten ein bekiffter Snowboardchampion im Drogenrausch als Olympiasieger in Erinnerung: Der Cannabiskonsum von Ross Rebagliati empörte mehr als das offensichtliche Dopingproblem im Skilanglauf.

Außer Spesen war in Japan nicht viel gewesen. Die Zeitschrift Spiegel zitierte die deutsche Rodlerin und spätere Bobfahrerin Susi-Lisa Erdmann nach dem Ende ihres Wettkampfs so, dass sie bloß eines im Sinn hatte: „Nur schnell weg hier!“

Korruption am großen Salzsee

Sport kann für politische Karrieren genutzt werden. Vor allem in den USA. Das tat der Organisator der Olympischen Winterspiele 2002 in Salt Lake City. Sein Name: Mitt Romney. Zu Utah und dem dortigen großen Salzsee passte Romney, weil er selbst Mormone war. Zwei Jahre später wurde er zum Gouverneur gewählt und noch im Präsidentschaftswahlkampf 2012 lobte er sich für seine olympische Managementkompetenz. Vergeblich.

Romneys wahre Leistung war, dass nach einem riesigen Korruptionsskandal die Spiele überhaupt stattfinden konnten. Mitglieder des IOC wurden mit Barzahlungen, Geschenken und üppigem Spesenersatz zur Abgabe ihrer Stimmen für Salt Lake City motiviert, und prompt hatte der Mormonenort bei der Vergabe der Spiele 54 Befürworter. Für Östersund in Schweden und Sion in der Schweiz waren nur jeweils 14 Delegierte auf der Vollversammlung des IOC.

Dieses schloss infolge des Skandals sechs ihrer Mitglieder aus. Obwohl sich mindestens 24 hatten bestechen lassen. Einzige Konsequenz für die restlichen Funktionäre war, dass das das IOC für seine Mitglieder ein Besuchsverbot von Möchtegernveranstaltern aussprach; es sollten dort nicht wie teilweise früher üblich in den Hotelzimmern Golduhren und käufliche Liebe als Willkommensgeschenke auf sie warten. Der Clou dabei: An der Vergabe der Spiele nach Salt Lake City änderte sich durch all das nichts, strafrechtliche Folgen gab es noch weniger.

Auch 1994 und 1998 hatte es in den Fällen von Lillehammer und Nagano schwerwiegende und gut begründete Korruptionsvorwürfe gegeben. Der Austragungsort der Winterspiele 1992 war wiederum Ergebnis eines Stimmentausches gewesen: Spanien unterstützte den französischen Alpenort. Dafür stimmte Frankreich im selben Jahr nicht etwa für Sommerspiele in Paris , sondern für Barcelona als Ort der Veranstaltung.

Ach ja, in Salt Lake City fanden die Winterspiele fünf Monate nach den Anschlägen vom 11. September 2001 statt. Inzwischen hatte der Einsatz von Truppen der USA in Afghanistan begonnen. Die vom IOC ausgerufene Waffenruhe wurde von den Streitkräften ignoriert.

Passend dazu war der erfolgreichste Sportler ein Biathlet: Ole-Einar Bjørndalen. Der Norweger gewann langlaufend und mit dem Gewehr schießend in Salt Lake City 2002 alle vier möglichen Goldmedaillen. Dreimal siegte er überlegen in den Einzelbewerben und dominierte dann als Schlussläufer in der Staffel, mit riesigem Vorsprung. Eine fünfte Medaille hätte Bjørndalen auch gewonnen, obwohl er nur Sechster wurde. Denn auf der Strecke über 30 Kilometer der Langlaufspezialisten waren mindestens drei Läufer vor ihm gedopt. Der deutsche Sieger Johann Mühlegg genauso wie die österreichischen Medaillengewinner Christian Hoffmann und Michail Botwinow.

Der österreichische Goldrausch im Dopingsumpf

Leider war etwas faul im Staate Österreich. Sehr viel sogar. In Österreichs Wintersport wurde nachweislich massiv gedopt, das galt im Langlauf gleichermaßen mit und ohne Gewehr, also auch für die klassische Nordische und beim Biathlon. Im Februar 2002 wurden während der Bewerbe in einem vom ÖSV-Langlaufteam bei den Olympischen Winterspielen in Salt Lake City genutzten Privathaus Geräte für Bluttransfusionen gefunden. Der zuständige Trainer des ÖSV, Walter Mayer, wurde daraufhin langfristig von den Olympischen Spielen ausgeschlossen, doch in Österreich selbst passierte erst mal nichts. Es sollte eine ganze Olympiade lang bis zur fristlosen Entlassung Mayers dauern.

Vier Jahre später fanden die Olympischen Winterspiele in Turin statt, und Mayer war heimlich in den Quartieren Österreichs. Die italienische Polizei führte Dopingrazzien durch und wurde mehr als fündig, woraufhin die Langläufer Johannes Eder, Jürgen Pinter und Martin Tauber sowie die Biathleten Wolfgang Perner und Wolfgang Rottmann gesperrt wurden – zum Teil lebenslang. Auf sechs Jahre gesperrt wurde 2009 auch der vermeintliche Olympiasieger von Salt Lake City Christian Hoffmann, der seine – kurioserweise erst durch die Dopingqualifikation des deutschen Siegers Johann Mühlegg errungene – Goldmedaille zurückgeben musste. Michail Botwinow wurde nach seiner Karriere zu einer viermonatigen Haftstrafe auf Bewährung verurteilt, weil er in einem Dopingprozess gelogen hatte. Mayer wurde zu 15 Monaten Haft verurteilt, davon drei unbedingt.

Die Geschichte wiederholte sich mehrfach. 2014 wurde der aus dem Nichts in die Weltspitze aufgestiegene Johannes Dürr vor seinem Olympiastart in Sotschi des EPO-Dopings überführt. Im selben Jahr gab es eine vierjährige Sperre gegen Langläufer Harald Wurm. 2019 sprinteten bei der heimischen Skiweltmeisterschaft Dominik Baldauf und Max Hauke in Seefeld ungewöhnlich gut. Die Erklärung folgte auf dem Fuß: Beide waren gedopt.

Die Turiner Spiele fanden übrigens in einem Land statt, das 2006 Parlamentswahlen abhielt. Favorit war erneut Silvio Berlusconi, der vom Präsidenten eines Fußballklubs zum Regierungschef geworden war. Sein Erfolg basierte auf Terminologien aus der Sportberichterstattung. *Forza Italia!* Hinzu kam Berlusconis Nutzung der Sport- und Unterhaltungsformate in den hauseigenen Kanälen Italia 1, Rete 4 und Canale 5. Beim medialen Feiern des Turiner Siegers im Slalomduell Giorgio Rocca versus Benjamin Raich ging es für Politiker um mehr als Sekundenbruchteile. Das gilt freilich auf beiden Seiten des Brenners, also auch bei uns.

Die Armut und das schnelle Geld

10 Milliarden Dollar Gewinn, Tausende neue Jobs, mehr Tourismus – das versprachen das Olympische Komitee und Kanadas Regierung im Vorfeld der Olympischen Winterspiele 2010 in Vancouver. Doch von einem Gewinn war am Ende kein einziger Cent zu spüren. Stattdessen beschloss die Landesregierung British Columbias, für das Gesundheitssystem 360 Millionen weniger auszugeben, und das Kunst- und Kulturbudget wurde um 80 Prozent gekürzt. Die großen Wahlversprechen und Garantien wurden also von den proolympischen Politikern nicht eingehalten.

Ein Teil der indigenen Völker Kanadas protestierte gegen die Olympischen Winterspiele, während vier dieser Völker Mitveranstalter sein wollten. Doch wurde ein Abholzen der Wälder in ihrem Lebensraum und eine Zerstörung der Jagdgebiete befürchtet. Zugunsten der Olympiabauten, von denen nur Bauherrn und Investoren profitieren würden.

Tausende Obdachlose protestierten in Vancouver gegen Olympische Spiele in ihrer Heimatstadt. Ihre originelle Idee dabei waren Armutsspiele: „Poverty Olympics". Die Wohnungslosen wurden unterstützt, und es gab eine groß angelegte Kampagne: Plakate mit Slogans wie „Homes not Games" forderten Unterkünfte statt Spiele, dazu wurde verlangt, statt das sportliche Megaevent zu finanzieren, lieber die Armut abzuschaffen, weil diese eben kein Spiel sei.

Die Frankfurter Allgemeine Zeitung beschreibt die satirischen Wettkämpfe von Reich gegen Arm nachdrücklich: Die kanadische Nationalhymne wurde mit einem verfremdeten Text gesungen, als Anklage gegen die Regierung: „Oh Canada, invite the world to see a quarter million souls, poor and freezing cold. – Oh Kanada, lade die Welt ein, damit sie eine Viertelmillion Seelen sehen kann, arm und frierend." Im

Original ist eigentlich von wahrer Vaterlandsliebe, glühenden Herzen und Wachstum die Rede. Aber offenbar nicht für die Armen.

Maskottchen der Spiele in Vancouver waren Quatchi, eine Art freundlicher Yeti, und Miga, halb Schwertwal und halb Kermodebär – letztere leben nur im nördlichen Küstengebiet von British Columbia. Das Olympia der Armen hatte hingegen drei andere Maskottchen: Creepy, die Kakerlake, Chewy, die Ratte, Itchy, die Wanze – alles Tiere, die für Vancouver ganz unten standen.

Die Umweltkatastrophe 2014

Als Vladimir Putin die Olympischen Winterspiele in Sotschi 2014 politisch instrumentalisierte, setzte er eine unselige Tradition fort. Alles war längst da gewesen: Die Diskriminierung von Homosexuellen hat ihre schrecklichen Vorläufer im Ausschluss jüdischer Personen, die Umweltzerstörung wurde bereits seit Jahrzehnten in Kauf genommen, und Geldvorteile sowie Bestechung waren ständige Begleiter der Olympischen Spiele.

Umweltpolitisch war die Neugestaltung Sotschis für die Winterspiele absurd: Ein Großteil der Olympiastadt entstand in einem ehemaligen Nationalpark, wofür Naturschutzgesetze und mit ihnen 20.000 Hektar Wald weichen mussten. Das olympische Dorf wurde aus dem Boden gestampft. Die Gesamtkosten betrugen mehr als 35 Milliarden Euro und übertrafen somit die Sommerspiele.

Die Temperaturen in der Schwarzmeerregion waren am Meer frühlingshaft und lagen auch in den Bergen nicht unter dem Gefrierpunkt. Also musste man Hunderttausende Kubikmeter Kunstschnee produzieren und einlagern. Zusätzlich kamen mehrere Hundert Schneekanonen zum Einsatz, um winterliche Bedingungen zu schaffen. Sotschi ist ein Bade- und Kurort, für sein subtropisches Klima mit Palmen am Strand bekannt.

Reaktionen der Welt

Hierzulande hört man nicht gerne, dass es zwischen Österreich und Russland lange, besonders innige Verbindungen gab, wirtschaftliche, politische, sportliche. Heinz Fischer war als Bundespräsident das erste

Staatsoberhaupt, das Putin nach der russischen Annexion der Krim einen Besuch abstattete. Kurz zuvor hatte es bei den Winterspielen in Sotschi Verbrüderungsszenen mit Putin im Österreich-Haus gegeben.

Diese Rolle Österreichs war peinlich angesichts dessen, dass die Liste prominenter Staats- und Regierungschefs, welche nicht zu den Olympischen Winterspielen nach Sotschi reisten, sehr lang war: Mit Verweis auf die Menschenrechts- und Völkerrechtsverletzungen fehlten Bundespräsident Joachim Gauck und Bundeskanzlerin Angela Merkel, Großbritanniens Premierminister David Cameron, der französische Präsident François Hollande und US-Präsident Barack Obama.

Die stellvertretende Vorsitzende der Europäischen Kommission Viviane Reding begründete ihre Absage so: „Ich werde sicher nicht nach Sotschi fahren, solange Minderheiten auf diese Weise von der derzeitigen russischen Regierung behandelt werden." Sie meinte damit auch Menschen mit homosexueller Orientierung.

Schwulsein in Russland

Schon vor den Spielen hatte Russland ein Gesetz gegen „Homosexuellen-Propaganda" verabschiedet, jedwedes öffentliche Bekenntnis einer sexuellen Orientierung, die nicht heterosexuell war, führte somit zu schweren Strafen. Und für Menschenrechtsproteste galt das in Putins Reich sowieso. Wie reagierte das IOC?

Dessen Präsident Thomas Bach, damals außerdem Vorsitzender des Deutschen Olympischen Sportbunds, gab ohne Not eine Erklärung ab: Selbst die geringste Solidarität mit Russlands verfolgten Homosexuellen – und seien es in Regenbogenfarben lackierte Fingernägel – wurde mit Blick auf Sotschi als Verstöße gegen die Olympische Charta gewertet. Bach sah die „politische Neutralität" gefährdet.

Das Österreichische Olympische Komitee ÖOC hätte ein anderes Zeichen setzen können. Die Skispringerin Daniela Iraschko-Stolz war als Fahnenträgerin im Gespräch. Sie ist mit einer Frau offiziell verpartnert, bekennt sich also zu ihrer Homosexualität. Iraschko-Stolz bezeichnete es in Zeitungsinterviews als „große Ehre", sollte sie auf der Eröffnungsfeier die rot-weiß-rote Fahne tragen und würde es als

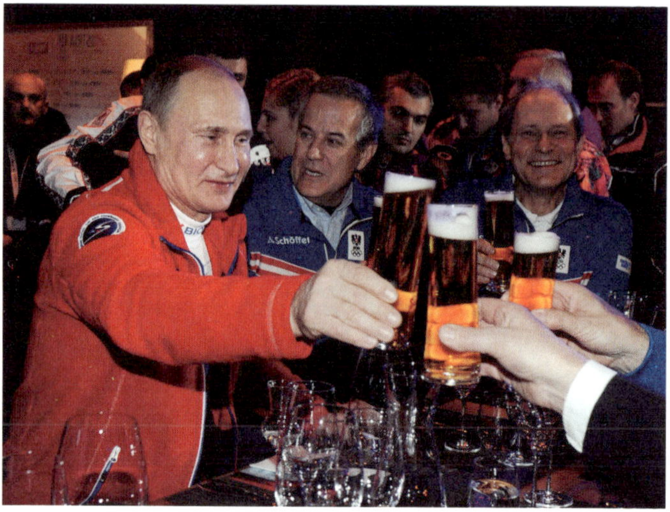

Vladimir Putin im „Austria Tirol Haus" bei den Winterspielen 2014 im russischen Sotschi.

„großes Zeichen" dafür sehen, dass ein toleranter Umgang mit dem Thema Homosexualität in Österreich akzeptiert wurde. Iraschko-Stolz war eine Pionierin des Frauenskispringens, wäre als Fahnenträgerin also auch in dieser Hinsicht ein gesellschaftliches Zeichen für Emanzipation gewesen. Rein sportlich war sie bereits Weltmeisterin und vielfache Weltcupsiegerin.

Das ÖOC machte den Skifahrer Benjamin Raich zum Fahnenträger, dessen Sporterfolge ebenfalls unbestritten waren und der niemals irgendwo angeeckt war. Politisch stand er für genau gar nichts.

Homosexuelle Handlungen zwischen Erwachsenen wurden in Russland erst 1993 nicht mehr unter Strafe gestellt. Bis 1999 stand Homosexualität auf der Liste der Geisteskrankheiten. Beides ist zwar heute nicht mehr der Fall, doch mit dem vorhin erwähnten Gesetz war und ist bereits jede mediale Berichterstattung über Homosexualität verboten. Würden diese Absätze in einem russischen Buch stehen, würde der Autor ins Gefängnis wandern. Gegen all diese Missstände wollte das ÖOC offenbar nicht einmal symbolisch protestieren. 2023 wurde übrigens in Russland die – so gar nicht existierende – „internationale LGBT-Bewegung" für extremistisch erklärt, um homosexuelle Menschen seitens des Staates beliebig kriminalisieren zu können.

Profisport und Meinungsfreiheit

Erst vor den Sommerspielen in Tokio 2021 ergänzte das IOC seine Regel 50.2 der Olympischen Charta durch Leitlinien. Bis dahin waren politische Demonstrationen aller Art – auch das gesprochene Wort in offiziellen Interviews – den Sportlerinnen und Sportlern vollständig untersagt. Seitdem wird diese Regel anders gedeutet. Politische Meinungen dürfen vor einem olympischen Wettbewerb ausgedrückt werden.

Der Haken dabei ist, dass sich die Sportlerinnen und Sportler dabei an bestimmte Kriterien halten müssen. Verboten bleiben Aktionen, wenn sie „nicht im Einklang mit den Grundprinzipien der Olympischen Bewegung stehen, sich direkt oder indirekt gegen Personen, Länder, Organisationen oder deren Würde richten und störend sind". Das klingt logisch und ist doch sehr allgemein. Eine Ablehnung diktatorischer Länder – ob nun Russland oder China als Veranstalter – würden demzufolge zu einem Ausschluss von den Olympischen Spielen führen.

Zudem bleiben politische Zeichen bei Siegerehrungen sowie auf der Eröffnungs- und der Schlussfeier untersagt. Tommie Smith und John Carlos würden also heute genauso disqualifiziert werden und ihre Medaillen verlieren wie 1968, als die beiden Sprinter aus den USA gegen den Rassismus in ihrem Land protestierten.

Der Fall Korea und die Olympischen Winterspiele 2018

Die Olympischen Winterspiele 2018 fanden in Pyeongchang auf der koreanischen Halbinsel statt. Dort starben im Koreakrieg von 1950 bis 1953 über vier Millionen Menschen. Damals wurden von beiden Seiten – Nord- und Südkorea – mit amerikanischer und chinesischer Unterstützung Massaker an der Zivilbevölkerung angerichtet. Bis heute fehlt ein Friedensvertrag.

1948 hatte das damals noch geeinte Korea sowohl an den Winterspielen in Sankt Moritz als auch im Sommer in London teilgenommen. Nach dem Koreakrieg wurde zunächst nur das südkoreanische Nationale Olympische Komitee anerkannt, die nordkoreanische Parallelorganisation erst 1969. Bis dahin gab es halbherzige Bemühungen um eine gemeinsame Mannschaft, die jedoch keiner der beiden

Staaten wirklich wollte; es herrschte ja noch Kriegszustand. Bei den Winterspielen 1964 in Innsbruck hatten erstmals 13 nordkoreanische und 7 südkoreanische Sportler teilgenommen – trotz wechselweiser Boykottdrohungen im Vorfeld.

Für Nordkorea war in der Folge zunächst aber untragbar, gleich der DDR auf die Bezeichnung „Demokratische Volksrepublik Korea" sowie Landesfahne und Hymne verzichten zu müssen. Erst 1972 nahmen sowohl süd- als auch nordkoreanische Sportlerinnen und Sportler an Olympischen Spielen teil, aber eben nicht gemeinsam. In den Boykottjahren 1980 und 1984 stand Südkorea wenig überraschend auf Seiten der USA und Nordkorea auf jener der UdSSR.

Trotz Verhandlungen wurden die Sommerspiele 1988 in Seoul nicht von beiden Staaten gemeinsam ausgerichtet. Im Gegenteil: Nordkorea boykottierte die Spiele, obwohl sowohl die Volksrepublik China als einer seiner wenigen Verbündeten als auch der „Ostblock" mit der UdSSR an der Spitze teilnahm. Von nordkoreanischer Seite wurde stattdessen durch die Agentin Kim Hyon-hui ein Bombenanschlag geplant, der vereitelt werden konnte.

Der Rahmen für die koreanische Annäherung in Pyeongchang 2018 war somit sowohl geschichtlich schwerst vorbelastet als auch tagespolitisch reichlich bizarr. Nordkoreas Führer Kim Jong-un wetteiferte mit US-Präsident Donald Trump bei einem Treffen mittels gegenseitiger Beschimpfungen darum, wer verrückter war. Alle beide sorgten mit ihrer Unberechenbarkeit dafür, dass ein Atomkrieg näher zu rücken schien.

So gesehen war es bemerkenswert, dass nicht nur Süd- und Nordkorea an den Spielen teilnahmen, sondern sogar ein gemeinsames Frauen-Eishockeyteam stellten. Beide Länder liefen auch später bei den Sommerspielen 2000 in Sydney und 2004 in Athen sowie letztmals bei den Winterspielen 2006 gemeinsam bei der Eröffnung unter einer Vereinigungsflagge ein. Der Auftritt 2018 in Pyeongchang war jedoch der erste einer gesamtkoreanischen Mannschaft der beiden Staaten auf olympischer Bühne seit siebzig Jahren.

Sportlich war diese Mannschaft chancenlos wie eine koreanische Skifahrerin, die im Abfahrtslauf gegen Lindsey Vonn oder im Slalom gegen Mikaela Shiffrin – also gegen die Rekordweltcupsiegerinnen aus den USA – antrat. Das gesamtkoreanische Frauen-Eishockeyteam schoss in drei Spielen gegen die Schweiz, Schweden und Japan insgesamt ein einziges Tor – und kassierte 20. Was naturgemäß den letzten Platz in einer der beiden Vorrundengruppen bedeutete.

Das Spiel um den siebten Platz als goldene Ananas verloren die Koreanerinnen 1:6. Trotzdem zeigte sich, dass der Sport politisch Dinge schaffen kann, die Kim, Trump und Co nicht auf die Reihe kriegten. Das Interesse der koreanischen Bevölkerung an den eigenen Winterspielen war trotzdem enden wollend.

Legendär wurde die Szene, als ein Reporter des Fernsehsenders ARD Menschen vor Ort um Darstellungen der olympischen Sportarten bat. Eine junge Frau wurde gefragt, was Biathlon sei. Sie breitete pantomimisch die Arme aus und machte eine Standwaage wie im Eiskunstlauf. Eh besser, denn so wurde wenigstens nicht gestisch geschossen. Der Berliner Tagesspiegel zitierte aber auch einen Naturschützer und Olympia-Kritiker: „Die Welt ist einfach nicht für eine Wintersportveranstaltung mit 100 Disziplinen in 20 Sportarten gemacht", sagte dieser. „Schon gleich gar nicht in Peking, wo die nächsten Winterspiele stattfinden."

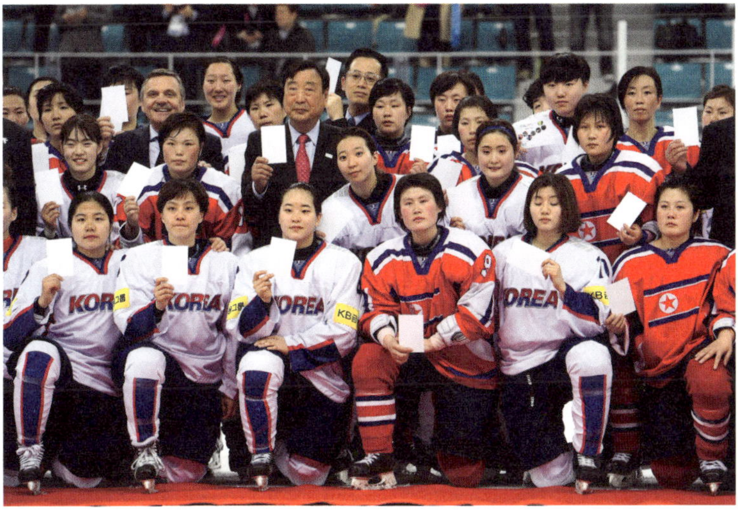

Das gesamtkoreanische Eishockey-Team der Frauen bei den Winterspielen 2018 in Pyeongchang: sportlich kein Erfolg, aber ein großes politisches Signal.

Peking 2022

Wie die Sommerspiele im Jahr zuvor waren auch die Olympischen Winterspiele in Peking 2022 durch die Coronapandemie geprägt. Eigentlich verfolgte die Volksrepublik China eine „Zero Covid"-Politik der totalen Einschränkung als Virusbekämpfung – im privaten und öffentlichen Leben Chinas waren kaum soziale Kontakte erlaubt sowie strikte Lockdowns an der Tagesordnung. Demzufolge hätte das sportliche Großereignis nach den Gesetzen der Logik einfach abgesagt werden müssen.

Doch das Regime hielt an den Spielen fest. Zuschauer vor Ort gab es nicht, es ging rein um die Fernsehbilder. Natürlich zählte aber auch, wie sehr Politik, Geld und Sport zusammenhängen. Weil das meiste Geld durch den Verkauf der Medienrechte an den Olympischen Spielen eingenommen wurde. Das IOC und eine nichtdemokratische Regierung hielten deswegen gleichermaßen an der Durchführung der Spiele fest.

Letztlich gab es im Umfeld der Spiele von Peking – also in den Monaten Jänner und Februar 2022 – 437 Coronafälle; Folgeinfektionen konnten nicht verfolgt werden. Wobei ein Zusammenhang zwischen der Coronapandemie und der Missachtung von elementaren Freiheitsrechten bestand. Insbesondere hinsichtlich der Pressefreiheit: Alle Sportlerinnen und Sportler, genauso die Funktionäre sowie sämtliche Presseleute mussten sich in einer abgeschotteten „Olympia-Bubble" als Blase ohne Außenkontakte aufhalten. Auf Recherchen beruhende Medienbeiträge oder frei gewählte Interviewpartner sowie kritische Reportagen des chinesischen Alltags jenseits der sportlichen Ereignisse waren dadurch nahezu unmöglich. Das war ein entscheidender Unterschied zu den Pekinger Sommerspielen 2008, bei denen sich Medienleute noch relativ frei in der Volksrepublik China oder zumindest in deren Hauptstadt hatten bewegen können. Manche berichteten dementsprechend nun, 2022, von Menschenrechtsverletzungen.

Was dann freilich absurd war: Im Deutschlandtrend, einer regelmäßigen Umfrage, gaben 80 Prozent an, sich nicht für die Olympischen Winterspiele in Peking zu interessieren. Nur bei den über 65-Jährigen war das Interesse höher. Die Vergabe der Spiele nach China bezeichneten bloß 15 Prozent als richtig.

Sogar für Sportfans war die vorolympische Nachrichtenwoche schräg: Zur Coronazeit und in einer Diktatur schienen jegliche Medienbeiträge über die Olympischen Spiele gleichwertig zu sein – ob es darum ging, welche unserer Sportlerinnen und Sportler mit welchem Bein aufsteht oder ob das Abfahrtstraining des spanischen Skirennläufers Adur Etxezarreta Rezola dokumentiert wurde.

Uns in Österreich interessierte eher, dass im Riesenslalom nur Platz 11 an den besten Österreicher ging, während Joan Verdu aus Andorra Achter wurde. Marco Odermatt aus der Schweiz gewann die Goldmedaille. Österreichische Ski- und noch mehr Snowboardsiege gab es natürlich auch.

Die Macht der Bilder

Doch irgendwie waren diese Winterspiele insgesamt seltsam, was sich anhand von im Internet geposteten Fotos zeigt: Der Haituo-Berg – rund 80 Kilometer nördlich von Peking, wo alle alpinen Skibewerbe ausgetragen wurden – ist darauf bis auf die Piste völlig schneefrei. Auf dem Berg fallen im Winter durchschnittlich rund fünf Zentimeter Schnee, nicht mehr. In der ganzen Region fällt pro Jahr weniger als 400 Milliliter Niederschlag. Egal ob Schnee oder Regen. Das entspricht dem Niederschlag in Marokko und Eritrea. Kein Wunder, die Wüste Gobi beginnt nicht einmal einen Kurzstreckenflug vom Olympiagelände entfernt.

Die österreichische Olympiastarterin Tamara Tippler teilte auf Sozialen Medien ein Bild, das aus einer Gondel des Skilifts aufgenommen war. Zu sehen waren viele Felsen, karge Sträucher und eine geteerte Straße, nicht zu sehen waren weiße Gipfel und beschneite Bäume oder wenigstens Schneefelder. Weiße und durchaus steile Kunstschneepisten schlängelten sich durch braune Berge. Bis – und das ist die Ironie der Geschichte – Frau Holle für einen Tag dann zu viel Neuschnee fallen ließ, sodass Absagen und Verschiebungen folgten.

Zudem wurde der Berg Haituo sozusagen neu gebaut. Dafür wurden neun Gondel- und Liftanlagen aus dem Boden gestampft und ein Teil des sich dort befindlichen Naturschutzgebietes geopfert. Ob es heute dort noch Skifahrer gibt, das ist unbekannt.

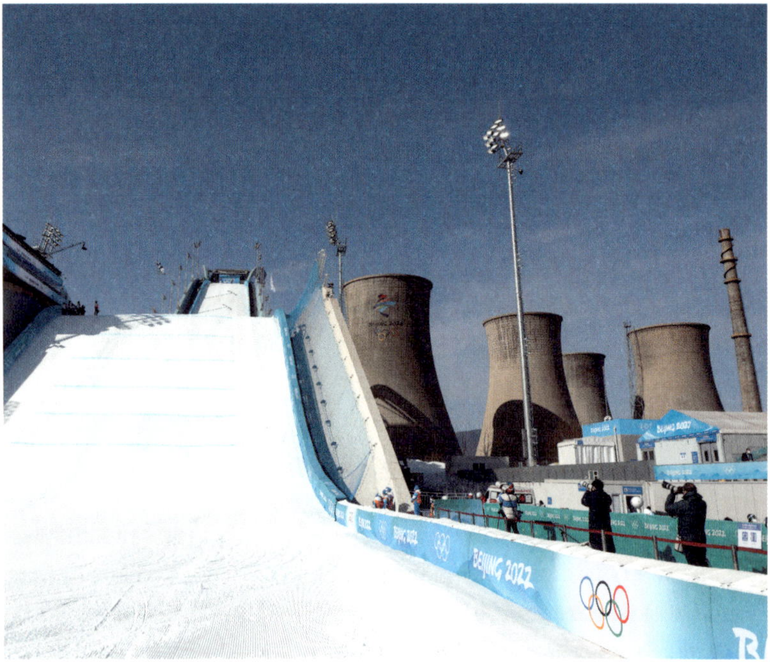

Die „Big Air"-Anlage für den Snowboard- und Ski-Freestyle-Bewerb bei den Winterspielen in Peking: Errichtet auf einem Industriegelände, umgeben von riesigen Industrie-Kühltürmen.

Ein britischer Journalist verbreitete ein anderes Foto, das er mit einer Frage als Zusatz versah: „Was zum Teufel tun wir hier?" Auf dem Bild war die „Big Air"-Anlage fürs Freestyle-Snowboarden und -Skifahren zu sehen. Diese hatte der Veranstalter auf dem Gelände eines ehemaligen Stahlwerks errichtet, und die Kulisse bildete eine Betonwüste mit riesigen industriellen Schloten und Kühltürmen, die an ein Atomkraftwerk erinnerten. Ein klassischer Wintersportort also, made in China.

Die wahren Gründe für Peking

Niemand gab zu, dass es Milliarden Gründe für Winterspiele in Peking gab. Die Stadt Peking hatte mit Sport auf Schnee und Eis null Komma null Tradition. Egal. Was stattdessen zählte: Der weltweite Gesamtwert chinesischer Importe machte rund 2,6 Billionen Dollar aus. Das sind 2.600 Milliarden.

Glaubte da irgendjemand, dass Olympische Spiele in der Hauptstadt des Giganten China eine rein sportliche Entscheidung waren? Bereits in den Jahren vor den Pekinger Sommerspielen 2008 hatten Top-Sponsoren etwa 4,5 Milliarden Dollar gezahlt. Dafür wollte sich niemand um das lästige Detail kümmern, dass man in der chinesischen Volksrepublik mit Demokratie nichts am Hut hat.

Bei der Vergabe des kleinen Bruders Winterspiele 2022 musste sich Peking bloß gegen Almaty in Kasachstan durchsetzen, wo es genauso Menschenrechtsverletzungen gibt. Der entscheidende Standort- und Wettbewerbsvorteil Chinas bei der Vergabe der Olympischen Winterspiele 2022 war jedoch der Status des Landes als Nichtdemokratie. München, Sankt Moritz und Krakau zogen ihre Bewerbungen nach demokratischen Volksbefragungen zurück, in denen eine Veranstaltung der Spiele abgelehnt wurde. Dasselbe taten Politikerinnen und Politiker in den demokratisch gewählten Parlamenten von Stockholm und Oslo. Die britische Zeitung The Guardian schrieb: „Die Spiele, die keiner will."

Neben den Chinesen wollte sie nur einer. Nursultan Nasarbajew, der erste und einzige Präsident Kasachstans – ein Diktator. Die Entscheidung der Spielevergabe zwischen Almaty in Kasachstan und Peking muss eigenartig abgelaufen sein; da wie dort fehlten grundlegende Demokratie- und Menschenrechtsstandards.

Dabei galt Peking als Streichkandidat – das IOC wollte ursprünglich nach 2018 (Pyeongchang) und 2020 (Tokio) sein Premiumprodukt nicht erneut nach Ostasien schicken. Also Almaty, wo es Erdöl gibt und das als Bewerber schon zweimal gescheitert war? Nein, China war das größere Land und schien das kleinere Übel zu sein.

Doch die Welt hatte sich weitergedreht. Den amerikanischen Sponsoren der Spiele – Brausegetränk, Fast-Food-Kette, Kreditkartenunternehmen und Co – wurden 2022 neben der Coronaproblematik Olympische Spiele in einer Diktatur ohne Pressefreiheit zu heiß, sodass sie im Vorfeld keine großartigen Werbekampagnen starteten. Die Politik in West-EU-ropa waren etwas langsamer von Begriff, wollte jedoch die Pekinger Spiele diplomatisch boykottieren. So gerne man sich sonst mit Sportstars zeigte.

SCHLUSSANALYSE

Die zehn olympischen Probleme

Olympia, wir haben ein Problem. Ein großes Problem. Viele große Probleme. Die zahlreichen Olympiageschichten in zehn Kapiteln hier sind Einzelfälle ohne Anspruch auf Vollständigkeit. Doch sie zeigen die Problemfelder auf, mit welchen sich die Olympischen Spiele systematisch auseinandersetzen müssen. Es braucht Ideen, was sich ändern könnte.

Das IOC hat selbst zahlreiche Probleme erkannt und zumindest formell eingestanden. Die „Agenda 2020" sowie ihre Erweiterungen „Agenda 2020+5" und „20 plus 20 Empfehlungen" aus den letzten Jahren sollen Reformen für die Zukunftsgestaltung mit sich bringen. Die darin angesprochenen Punkte sind als Auflistung unstrittig, müssen jedoch mit Leben gefüllt werden. Dazu zählen beispielsweise die zu stärkende Geschlechtergleichstellung, mehr Nachhaltigkeit, mehr Transparenz, Unvereinbarkeitsregeln oder auch eine Beschränkung der Teilnehmerzahlen, ein olympischer Fernsehkanal, Kostensenkungen und zugleich die Finanzierung von mehr Dopingbekämpfung sowie mehr Kulturförderung und eine Stärkung des Dialogs mit allen gesellschaftlichen Gruppen.

Selbstverständlich ist auch – wie von Thomas Bach als Präsident des IOC betont – richtig, dass die Olympische Bewegung keine Dinge schaffen könne, an welchen die UNO oder andere internationale Organisationen laufend scheitern. Es ist Realität, dass nicht einmal die Spiele selbst Zeit einer Waffenruhe sein können wie in der Antike. Das beweisen Terroranschläge sowie die Tatsache, dass es im letzten (Winter-)Olympiajahr 2022 auf der Welt laut dem Heidelberger Institut für Internationale Konfliktforschung (HIIK) 21 Kriege sowie noch viel mehr zwischen- und innerstaatliche gewaltsame Konflikte ohne Kriegserklärung gab. Der zuletzt 2020 erhobene Anspruch des IOC auf den Friedensnobelpreis ist so gesehen unsinnig.

Mit anderen Worten: Die Olympischen Spiele können weder Kriege verhindern noch erreichen, dass es ausschließlich demokratische Staaten gibt und nirgendwo eine Diskriminierung von Bevölkerungsgruppen vorkommt. Dasselbe gilt für die Weltwirtschaftsordnung und kulturelle Gegensätze, welche vom IOC natürlich nicht neu geregelt oder aufgehoben werden können.

Die Unmöglichkeit der globalen Durchsetzung von Frieden und Menschenrechten durch die Olympischen Spiele darf jedoch nicht umgekehrt zum Nichtstun, purem Symbolismus oder gar opportunistischen Arrangements mit undemokratischen Regimes führen. Die Anpassung an Negativentwicklungen im wirtschaftlichen und kulturellen Bereich ist ebenso falsch. Daher muss sich Olympia mit zehn Problemen verstärkt auseinandersetzen.

01 Das Wahrheitsproblem

Die Olympischen Spiele sind das größte Sportereignis der Welt mit der allergrößten Öffentlichkeitswirkung – Publicity auf Neudeutsch. Trotzdem kokettieren Sport- und Olympiafunktionäre mit einer gefährlichen Lebenslüge: Es wird so getan, als könne der Sport unpolitisch sein. Was speziell angesichts seiner eigenen zutiefst politischen Ziele wie Frieden, Völkerverständigung und Antidiskriminierung schlicht Blödsinn ist.

Es bedarf einer klaren Festlegung, dass Sport politisch – nicht etwa parteipolitisch – ist und man sich daher auch vermehrt demokratischer Mittel zur Förderung seiner Ziele bedienen will. Olympische Spiele können und sollen etwa im besten Wortsinn eine Demonstration sein, um die Zielsetzungen der Olympischen Bewegung als politische Forderung zu zeigen. Politische Symbole für Frieden und gegen Diskriminierung sind uneingeschränkt zuzulassen. Veranstalterländer, welche das ablehnen, sind aus guten Gründen ungeeignet. Und es muss natürlich konsequente Sanktionen bei Verstößen gegen den Friedensgedanken geben. Wenn Russland einen völkerrechtswidrigen Angriffskrieg gegen die Ukraine führt, dann – und das gilt natürlich für alle Staaten, auch wenn es die Olympische Bewegung verkleinert – bleibt entgegen der Handlungsweise des IOC nur der Ausschluss als Folge. Denn brutaler kann man das Friedensprinzip nicht verletzen.

02 Das Logikproblem

Zugleich steht der Friedensgedanke ein wenig im Widerspruch zum Leistungs- und Konkurrenzprinzip, das ebenfalls Bestandteil der olympischen Idee ist. Friedliche Kampfsportarten als Wettbewerb, das klingt bereits seltsam. Beim Boxen können angeblich friedensfördernde Sportler blutende Wunden haben, das passt nicht zusammen. Boxen ist anders als Judo auch kein Symbol für den Frieden und nicht einmal für Selbstverteidigung.

Wenn der an sich löbliche Friedensgedanke, die Völkerverständigung sowie Antidiskriminierung bei den Olympischen Spielen ernst genommen werden sollen, muss eine Abkehr von olympischen Leerformeln hin zu Praxiskonzepten erfolgen. Dazu gehören konkrete proaktive Handlungen und Zielsetzungen statt Lippenbekenntnissen. Eine solche Handlung wäre die Abkehr von einzelnen Kampfsportarten.

03 Das Demokratieproblem

In der Politikwissenschaft und verfassungsrechtlich wird oft von einer wehrhaften oder streitbaren Demokratie gesprochen. Damit ist gemeint, dass sich der demokratische Staat gegen seine Feinde wehren darf und kann. Olympische Spiele sollten sich ebenfalls wehren. Das bedeutet, dass das IOC jene Teilnehmerländer sanktionieren muss, die Angriffskriege führen oder grobe Menschenrechtsverletzungen begehen.

Im ersten Schritt wären solche Nationen explizit und statutarisch als mögliche Veranstalter von Olympischen Spielen auszuschließen. In besonders schwerwiegenden Fällen müsste es konsequente Teilnahmeverbote geben. So wie jede Demokratie das Recht hat, verfassungsfeindliche Parteien nicht zu einer Wahl zuzulassen.

Wie aber kann man objektiv messen, was Ausschlussgründe mangels ausreichender Demokratie sind? Es gibt mehrere sehr anerkannte wissenschaftliche Institutionen, welche Jahr für Jahr einen Demokratieindex aller Länder der Welt erstellen – dieser könnte die Grundlage sein, um über Bewerbungsverbote von Städten oder Totalausschlüsse von Ländern zu entscheiden.

Unterschieden werden könnten bei einem Veranstaltungs- oder Teilnahmeverbot auch zwischen totalitären Diktaturen mit umfassendem Herrschaftsanspruch in allen Gesellschaftsbereichen und autoritären Diktaturen, die sich mit dem politischen Machterhalt begnügen. Beispiele für den Totalitarismus waren der Nationalsozialismus und früher der Kommunismus als ideologische Zwangswahrheit sowie die Alleinherrschaft einer Partei in allen Bereichen, von der Politik über die Wirtschaft bis zu den Medien.

In „nur" autoritären Diktaturen beschränkt man sich auf staatliche Machtausübung, ohne massiv in das gesellschaftliche und wirtschaftliche Leben einzugreifen. Südkorea – das Land der Olympischen Spiele 1988 – und das ehemals autoritäre Taiwan akzeptierten eine freie Marktwirtschaft sowie Freiheiten in den Bereichen Sport und Kultur. Sie wandelten sich in Demokratien, weil eine immer besser gebildete und wirtschaftlich liberal denkende Bevölkerung nicht mehr dem Diktaturgedanken anhängen wollte. Nach diesen Kriterien wären Olympische Spiele in Südkorea argumentierbar, in der Volksrepublik China aber nicht, egal wie viele wirtschaftliche Gründe dafürsprechen.

04 Das Meinungsproblem

Das Verbot politischer Meinungsäußerungen für Sportlerinnen und Sportler wurde zwar gelockert, doch geht das nicht weit genug. Der Verweis auf notwendige Regeln, deren Bruch zum Ausschluss von den Olympischen Spielen führt, ist da kontraproduktiv. Frei seine Meinung zu äußern – solange nicht strafrechtliche Tatbestände der Verleumdung oder Hetze erfüllt werden – ist ein Grundrecht, das nicht mittels Abstimmung im IOC enger oder weiter gefasst werden darf.

Auch Verweise auf die Tradition olympischer Regeln – die Spiele seien kein Forum für den politischen Meinungsaustausch, welcher deshalb verboten sei – sind unpassend. Ein Beispiel: Demonstrationen und Streiks waren mal verboten und sind heute genauso ein demokratisches Grundrecht. Hätten sich alle immer an die Regeln gehalten, wäre gesellschaftlicher Wandel unmöglich gewesen.

05 Das Verständigungsproblem

Bei der Völkerverständigung muss ein anderes Prinzip durchbrochen werden. Wo viele Nationen sportlich vertreten sind, stellt sich zwangsläufig die Frage nach der „besten" Nation. Was wäre, wenn man – wie vor dem Ersten Weltkrieg üblich – in ausgewählten Bewerben gemischte Mannschaften oder Staffeln zulassen würde? Oder sich ernsthaft bemühte, eines der vielen Punktesysteme populär zu machen, bei denen die Medaillenzahl ins Verhältnis zur Bevölkerungszahl oder Wirtschaftskraft eines Landes gesetzt wird? Darum könnten sich auch die Medien bemühen. Sogar Indikatoren wie Alphabetisierungsquote, Zahl der Ärztinnen und Ärzte pro 100.000 Menschen oder der Zugang zu sauberem Wasser wären denkbar. Wo das nicht vorhanden oder schlecht ist, müsste jede Olympiamedaille mehr wert sein.

06 Das Wirtschaftsproblem

Wenn politische und wirtschaftliche Ideologien einander ergänzen, ergeben sich ungeahnte Dimensionen für eine Doppelinstrumentalisierung der Spiele. Olympische Spiele in der Volksrepublik China stärkten das kommunistische Regime trotz aller Menschenrechtsverletzungen und brachten zugleich die Augen der Wirtschaftsmanager aus freien Marktwirtschaften zum Leuchten.

Hier muss also für eine glaubhafte Abgrenzung von nichtdemokratischen Regimes eine teilweise Abkehr von der Gewinnmaximierung der freien Marktwirtschaft in Kauf genommen werden. Nicht, dass man keine Gewinne machen dürfte. Aber nicht um jeden menschenrechtlichen Preis. Das betrifft nicht nur Russland und die Volksrepublik China, sondern auch Scheichtümer in der arabischen Welt und andere Länder. Hinzu kommt ein Korruptionsproblem, das die Vergabe vieler Olympischer Spiele geprägt hat.

In Vergessenheit geraten ist, dass Olympische Spiele sich ja lange Zeit als Gegenkonzept zum radikalen Wirtschaftsdenken verstanden: Gemeinsamkeit statt Eigeninteresse, Amateurtalente und Ehrenämter statt Sportprofis und hochbezahlte Manager. All das ist Vergangenheit und natürlich nicht rückgängig zu machen. „Olympia ist eine Sache der Amateure!". Das klang gut. Doch Märchen waren einmal. Gestimmt hat das nie – und heute bekommen Olympiasiegerinnen und -sieger hochoffiziell Regierungsprämien. Und das nennt man Unabhängigkeit von der Politik? Für manche ist es freilich ein Taschengeld, denn es finden sich unter den Goldmedaillengewinnern auch solche mit einem geschätzten Jahresverdienst im zwei- oder sogar dreistelligen Millionenbereich, egal ob in Euro oder Dollar. Das ist allerdings nichts im Vergleich zum Milliardengeschäft der Sponsoren und Massenmedien.

Die wirtschaftliche Leistungsfähigkeit eines Landes beeinflusst massiv die Wahrscheinlichkeit von Olympiaerfolgen; in ärmeren Ländern profitieren oft nur wohlhabende Eliten von den Sportmöglichkeiten. So gesehen würde es eine Rückbesinnung zu den ursprünglichen Werten der Olympischen Bewegung bedeuten, offiziell Ausgaben und Einnahmen zu beschränken. Gleichzeitig geht es um die ökologische Verträglichkeit und Nachhaltigkeit, die ein viel strengeres Kriterium für die Veranstaltung Olympischer Spiele sein muss.

07 Das Partnerproblem

Die Olympische Bewegung, das IOC sowie deren Vertreter wollen Olympische Spiele veranstalten. Das ist gut so – und auch naheliegend, weil ja kaum jemand an der eigenen Abschaffung arbeitet. Das Dilemma dabei ist, dass – nicht zuletzt nach Volksentscheiden – in demokratischen Ländern die Skepsis gegenüber der Abhaltung eines sportlichen Megaereignisses steigt.

Selbst wenn die olympischen Entscheidungsträger die zuvor genannten Punkte ernst nehmen wollen, kommen sie in einen Interessenkonflikt, wenn sie sich bei der Suche nach Veranstaltungsorten daran halten: Diktatoren als Partner von Sportorganisationen sind ein Garant dafür, dass Großveranstaltungen leichter und schneller bewilligt, organisiert und durchgeführt werden, weil sie sich weder um Mehrheitsmeinungen noch um Frauenrechte, Arbeitsbedingungen oder Umweltschutz scheren. Das gilt auch für Olympische Spiele.

08 Das Sicherheitsproblem

Wenn eine absolute Perfektion der polizeilichen und militärischen Sicherheitsmaßnahmen in ungeahnten Dimensionen regelmäßige Blutbäder durch Anschläge auf die Olympischen Spiele verhindert, ist das menschlich zu hoffen und strategisch zu bewundern. Es ändert aber nichts daran, dass offenbar ein Grunddilemma besteht: Die Welt ist so gespalten, dass die vermeintlich friedensfördernden und völkerverbindenden Spiele mit nackter Gewalt abgesichert werden müssen.

Natürlich gilt das für alle Großveranstaltungen auf der Welt, doch steigt das Ausmaß der dortigen politischen Konflikte mit ihrer via Massenmedien als Öffentlichkeitswert definierten „Bedeutung". Nicht ganz zu Unrecht sprechen olympiakritische Bewegungen von einer Militarisierung des Alltagslebens als Konsequenz der Spiele, die sich fortlaufend verschärfen wird. Die Dezentralisierung von Spielen in Form einer Aufteilung auf mehrere Länder mag dem romantischen Klischee Olympischer Dörfer widersprechen, mindert jedoch auch ihre Attraktivität für Terroranschläge.

09 Das Herrschaftsproblem

Es ist Politik, wenn durch Olympische Spiele im Veranstalterland oder durch viele Medaillengewinne das „Wir-Gefühl" einer Nation gestärkt wird. Sporterfolge können Identifikations- und Integrationseffekte auslösen und zum Zusammenhalt einer Gesellschaft beitragen. Sie bringen zudem internationalen Prestigegewinn und können von innenpolitischen Problemen ablenken – wobei Olympische Spiele fast immer die jeweilige politische Herrschaft stabilisieren.

Die Spiele sind somit viel mehr eine Bühne für Staatsoberhäupter und Regierungen. Die Opposition hat oft Zwangspause. Das gilt auf Staats-, Bundesland- und Gemeindeebene gleichermaßen. Ebenso helfen Olympische Spiele generell Staaten und institutionalisierten Interessenverbänden, während Nichtregierungsorganisationen sie weniger nutzen können. Dafür sorgen die überall präsenten Flaggen und Hymnen.

Hinzu kommt ein Abhängigkeitsproblem: Im Zusammenspiel von Olympischen Spielen mit der Politik sind theoretisch vier Formen der Wechselwirkung und Kräfteverteilung denkbar. Erstens: Die Spiele haben den absoluten Anspruch auf Unabhängigkeit. Das entspricht dem Ideal, ist jedoch irreal. Bereits historisch war die Olympische Bewegung ein elitärer Zirkel von sie politisch beeinflussenden Adeligen, Militärs und Diplomaten. Niemand kann heute so naiv sein, zu glauben, dass beispielsweise Sport- und Olympiafunktionäre aus und in Diktaturen unabhängig von der Staatsführung agieren können. Nur Scheindemokraten tun so, als ob.

Zweitens wäre da die These, dass die Spiele in einseitiger Abhängigkeit bloß ein Spielball der Politik seien. Das geht bei aller Kritik an den Olympischen Spielen viel zu weit. Von Adolf Hitlers vordergründigem Verzicht auf Judenverfolgungen während der unmittelbaren Spielezeit bis zu den Vereinten Nationen mit ihrer Abschwächung des Ausschlusses von Jugoslawien unter dem Diktator Milošević war die Politik immer auch zu Kompromissen mit dem IOC gezwungen.

Im Gegensatz zur „Spielballhypothese“ könnte – drittens – theoretisch eine totale Abhängigkeit politischer Akteure von den Olympischen Spielen angenommen werden. Es gibt freilich kein Indiz dafür, dass je ein Staat oder dessen Regierung quasi hilflos der Olympischen Bewegung ausgeliefert war. Sehr wohl abhängig vom IOC sind jedoch internationale Sportverbände und nationale Olympiakomitees, welche vom durch das IOC ausgeschütteten Geld leben – 90 Prozent der Olympiateilnahmen werden steuergünstig verteilt. Dementsprechend sind Organisationen im Sport selten bis nie olympiakritisch.

Viertens besteht als zutreffende Variante eine dynamische Beziehung zwischen den Olympischen Spielen und der Politik sowie der Wirtschaft und den Medien, was jedoch selten zu Konfliktsituationen führt. Man arrangiert sich zum allseitigen Vorteil, sodass sowohl für das IOC als auch für die Politik und Wirtschaftsmogule sowie mittels Fernsehquoten und Werbeeinnahmen genauso für Medien genug an Macht und Geld übrig bleibt.

Für die Politik sind Olympische Spiele eine billige Investition zur Zielerreichung. Man geht, ganz anders als beim Einsatz militärischer Mittel, zwecks nationaler Stärkung kein Verlustrisiko ein. Ein Sportboykott hat indirekte Folgen für Politik und Wirtschaft, doch gibt es sicher keine Toten. Zudem ist das Sanktionspotenzial auf den Sport beschränkt: Ausschlüsse von den Spielen mögen in der Theorie – in der Praxis gibt es sie selten – wehtun, richtig treffen tun sie jedoch kaum eine Regierung.

10 Das Medien- und Nationalismusproblem

Während bei den ersten Olympischen Spielen Ergebnisse bloß über Lautsprecher verlautbart wurden und Journalisten dementsprechend eher zufällig berichteten, waren 1936 die Medien bereits ein zentrales Element für die propagandistische Nutzung der Spiele. Das Naziregime nutzte dabei mit den sogenannten „Volksempfängern" auch das Medium Radio. 1948 in London übertrug die BBC erstmals die Olympischen Spiele für ein größeres Fernsehpublikum. Etwa 80.000 Menschen konnten in einer Zone von 50 Meilen rund um London Berichte von den Sportbewerben empfangen. 1952 und 1956 sendete die BBC zeitversetzt Übertragungen von den Spielen in Helsinki und Melbourne, indem Filme gedreht und per Flugzeug nach England transportiert wurden. Von „live" war also keine Rede.

Doch schon 1960 in Rom bezahlten die Fernsehanstalten zum ersten Mal für Übertragungsrechte, und es gab innerhalb Europas Liveberichte. 1964 machte das neu erfundene Satellitensystem es möglich, dass aus dem geografisch abgelegenen Japan über 600 Millionen Menschen in 39 Ländern weltweit die Olympischen Spiele verfolgten. 1968 setzten sich die Liveübertragungen endgültig durch, trotz aufgrund der Zeitverschiebung vielerorts schlechter Sendezeiten. Seitdem sind die Kosten für Fernsehübertragungsrechte geradezu explodiert und die Olympischen Spiele das größte Medienspektakel der Welt.

Die politische und wirtschaftliche Verwertbarkeit der Olympischen Spiele und ihres Missbrauchs ist endlos groß, weil sie das allergrößte Medienereignis sind. In allen teilnehmenden Ländern stehen Politiker Gewehr bei Fuß, um sich in den Erfolgen nationaler Sportstars zu sonnen. Von Vladimir Putin bis ins kleine Österreich.

Das funktioniert aber nur, weil Medien eine nationale und oft nationalistische Hurraberichterstattung über Sporterfolge des eigenen Landes pflegen und der Politik entsprechende Bilder an der Seite der Siegerinnen und Sieger ermöglichen. Dank der Medien geht es bei den Olympischen Spielen für demokratische wie diktatorische Regierungen um mehr als Sekundenbruchteile und Zentimeter; Politikerinnen und Politiker gewinnen durch Glückwünsche und gemeinsame Fotos mit Sportstars Sympathien, weil die Medien ihre eigene Rolle dabei zu wenig reflektieren.

Vor allem jedoch wird nicht nur politisch das eigene Land als leistungsstark und erfolgreich dargestellt, sondern genauso medial. Das wäre erlaubt, solange eine Grenze nicht überschritten wird: Niemals dürfen andere Nationen oder Menschen anderer Herkunft, anderer Hautfarbe, anderer Religion, anderen Geschlechts, anderer sexueller Orientierung und so weiter als schwächer oder sonst wie abwertend in irgendeiner Form als minderwertig bezeichnet werden.

Doch was tun? Eine Idee für die Sportbewerbe dazu – neben der Zulassung national gemischter Teams: Was wäre, wenn die Olympischen Spiele nicht mehr an einem Ort stattfänden, und auch nicht in zwei, drei oder fünf Ländern, sondern während zwei Olympiawochen weltweit Veranstaltungen beinhalten würden? Anhand von Quoten auf allen Kontinenten? Mehrere der skizzierten Probleme wären dadurch zumindest abgeschwächt. Am Mediengroßereignis würde sich wenig ändern, allzu üblen Nationalismen nimmt man jedoch die Spitze.

Der französische Schriftsteller Romain Gary hat es treffend formuliert: „Patriotismus ist Liebe zu den Seinen, Nationalismus ist Hass auf die anderen.“ Letzterer hat bei Olympia und anderswo nichts verloren. Denn wenn man die Olympischen Spiele ersatzlos abschafft, was wäre damit gewonnen?

ANHANG

Austragungsorte der Olympischen Sommer- und Winterspiele 1896–2032

Jahr	Olympische Sommerspiele	Olympische Winterspiele
1896	Athen	
1900	Paris	
1904	St. Louis	
1906	Athen	
1908	London	
1912	Stockholm	
1920	Antwerpen	
1924	Paris	Chamonix
1928	Amsterdam	St. Moritz
1932	Los Angeles	Lake Placid
1936	Berlin	Garmisch-Partenkirchen
1948	London	St. Moritz
1952	Helsinki	Oslo
1956	Melbourne	Cortina d'Ampezzo
1960	Rom	Squaw Valley / Palisades Tahoe
1964	Tokio	Innsbruck
1968	Mexiko-Stadt	Grenoble
1972	München	Sapporo

Jahr	Olympische Sommerspiele	Olympische Winterspiele
1976	Montreal	Innsbruck
1980	Moskau	Lake Placid
1984	Los Angeles	Sarajevo
1988	Seoul	Calgary
1992	Barcelona	Albertville
1994		Lillehammer
1996	Atlanta	
1998		Nagano
2000	Sydney	
2002		Salt Lake City
2004	Athen	
2006		Turin
2008	Peking	
2010		Vancouver
2012	London	
2014		Sotschi
2016	Rio de Janeiro	
2018		Pyeongchang
2020	Tokio (2021)	
2022		Peking
2024	Paris	
2026		Mailand und Cortina
2028	Los Angeles	
2030		Vergabe in Paris 2024
2032	Brisbane	

Liebe Leser*innen,
bleiben wir in Verbindung!
Wir freuen uns auf Ihre Anregungen, Kritik und Wünsche.
leserbrief@brandstaetterverlag.com

Christian Brandstätter Verlag GmbH & Co KG
Wickenburggasse 26, 1080 Wien
Tel: (+43) 1 5121543256

Viele weitere Leseinspirationen und Geschenkideen finden Sie unter **www.brandstaetterverlag.com**

1. Auflage

ISBN: 978-3-7106-0781-3

Umschlaggestaltung: Burkhard Finken
Satz und Gestaltung: Caroline Plank-Bachselten
Projektleitung: Judith E. Innerhofer
Papier: Salzer EOS 1,5-fach (FSC®- und PEFC-zertifiziert)
Gedruckt in der EU

Bildnachweis:
akg-images / picturedesk.com: S. 43, 45. Alexandr Hampl / CTK / picturedesk.com: S. 59. ANDREAS SOLARO / AFP / picturedesk.com: S. 133. Angel Adams / Zuma / picturedesk.com: S. 125. ANTONIO SCORZA / AFP / picturedesk.comS. S. 87. AP / picturedesk.com: S. 70. AP1935 / AP / picturedesk.com: S. 138. Carsten Rehder / dpa / picturedesk.com: S. 80. dpa / picturedesk.com: S. 27. Dieter Endlicher / AP / picturedesk.com: S. 67. First Look / picturedesk.com: S. 156. FRANZ EGGER / APA / picture-desk.com: S. 121. Friedrich / Interfoto / picturedesk.com: S. 35. Gerry Penny / EPA / picturedesk.com: S. 86. GREG WOOD / AFP / picturedesk.com: S. 104. Hamster28 / https://commons.wikimedia.org (CC BY-SA 3.0): Schutzumschlag. Harald Schneider / APA / picturedesk.com: S. 94. Illustrated London News Ltd / Mary Evans / picturedesk.com: S. 34. JUNG YEON-JE / AFP / picturedesk.com: S. 167. Jörg Schmitt / dpa / picturedesk.com: S. 154. Kyodo News / Action Press / picturedesk.com: Schutzumschlag, S. 118, 126, 135. LAURENT REBOURS / AP / picturedesk.com: S. 116. KAY NIETFELD / EPA / picturedesk.com: S. 101. MARCELO SAYAO / EPA / picturedesk.com: S. 107. Mary Evans / picturedesk.com: S. 26. Michael Sohn / AP / picturedesk.com: S. 109. MIKHAIL KLIMENTIEV / EPA / picturedesk.com: S. 164. PATRICK HERTZOG / AFP / picturedesk.com: S. 89, Schutzumschlag. Russell McPhedran / AP / picturedesk.com: S. 115. SALVATORE DI NOLFI / Keystone / picturedesk.com: S. 170. Sanden / dpa / picturedesk.com: S. 146, Schutzumschlag. Scherl / SZ-Photo / picturedesk.com: S. 138. STAFF / AFP / picturedesk.com: S. 141. STF / AP / picturedesk.com: S. 57. Str / EPA / picturedesk.com: S. 98. SUSAN RAGAN / AP / picturedesk.com: S. 81. TopFoto / picturedesk.com: S. 53. Tsuyoshi Matsumoto / AP / picturedesk.com: S. 130. ullstein bild / Ullstein Bild / picturedesk.com: S. 28, 38, 45, 53, 55, 70. Votava / brandstaetter images / picturedesk.com: S. 74, 146. - / AFP / picturedesk.com: S. 69.

Wir tragen Verantwortung

Aus diesem Grund haben wir uns auf den Weg gemacht, um unseren Einfluss auf das Klima und auf den Planeten zu minimieren. Anstelle von Kompensationszahlungen, und über die üblichen Umweltlabel hinausgehend, haben wir uns das Ziel gesteckt, den CO_2-Ausstoß auf allen Ebenen signifikant zu verringern – entlang der gesamten Wertschöpfungskette von der Idee bis zum Buch in Ihren Händen. Mehr Informationen finden Sie unter **www.brandstaetterverlag.com/nachhaltigkeit**

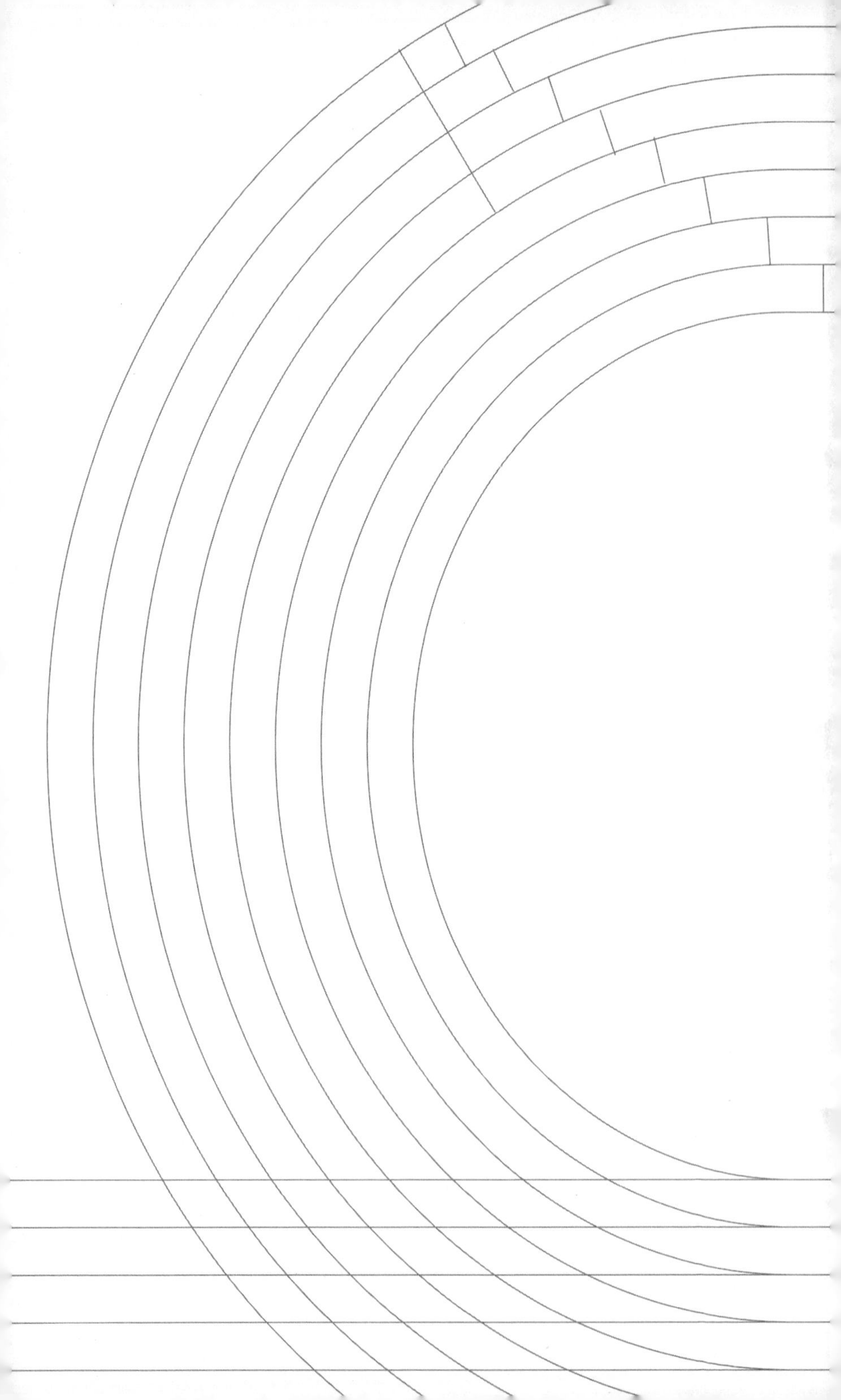